DUDEN-
Schülerhilfen
Grundrechenarten I

DUDEN-
Schülerhilfen

DEUTSCH

Aufsatz 1
(2. und 3. Schuljahr)

Aufsatz 2
(3. und 4. Schuljahr)

Schreibspiele
(ab 3. Schuljahr)

Lesespiele
(ab 3. Schuljahr)

Rechtschreibung 1
(2. und 3. Schuljahr)

Rechtschreibung 2
(3. und 4. Schuljahr)

Rechtschreibung 3
(4. und 5. Schuljahr)

Grundwortschatz
(3. und 4. Schuljahr)

MATHEMATIK

Grundrechenarten 1
(ab 2. Schuljahr)

Größen und Maße
(ab 5. Schuljahr)

Rechenspiele
(ab 5. Schuljahr)

Gleichungen und Ungleichungen 1
(5. und 6. Schuljahr)

Rechenbäume – Terme – Texte
(5. und 6. Schuljahr)

Dezimalbrüche
(6. Schuljahr)

Teiler und Vielfache
(6. Schuljahr)

Brüche
(6. und 7. Schuljahr)

Dreisatz und Prozente
(6. bis 8. Schuljahr)

Aufbau des Zahlensystems, vollständige Induktion
(ab 7. Schuljahr)

Gleichungen und Ungleichungen 2
(7. und 8. Schuljahr)

Bruchgleichungen und Bruchungleichungen
(8. Schuljahr)

Textgleichungen 1
(8. Schuljahr)

Gleichungen mit zwei Unbekannten
(8. und 9. Schuljahr)

Textgleichungen 2
(9. Schuljahr)

Quadratische Gleichungen und Ungleichungen
(9. Schuljahr)

Weitere Bände sind in Vorbereitung

DUDEN-Schülerhilfen

Grundrechenarten I

Texte und Aufgaben
zum selbständigen Üben
für Schüler ab dem 2. Schuljahr
von Klaus Volkert

Gestaltung und Illustrationen
von Doris Rübel

DUDENVERLAG
Mannheim/Wien/Zürich

CIP-Titelaufnahme der Deutschen Bibliothek
Duden-Schülerhilfen
Mannheim; Wien; Zürich: Dudenverl.
Früher im Verl. Bibliograph. Inst.,
Mannheim, Wien, Zürich
Mathematik
Grundrechenarten. 1. Texte und Aufgaben zum
selbständigen Üben für Schüler ab dem 2. Schuljahr/
von Klaus Volkert. – 1990
ISBN 3-411-02636-7

Das Wort DUDEN ist für
Bücher aller Art für den Verlag
Bibliographisches Institut & F. A. Brockhaus AG
als Warenzeichen geschützt

Alle Rechte vorbehalten. Nachdruck, auch auszugsweise, verboten
© Bibliographisches Institut &
F. A. Brockhaus AG, Mannheim 1990
Druck und Bindung: westermann druck, Braunschweig
Printed in Germany
ISBN 3-411-02636-7

Inhaltsverzeichnis

Rechnen ist keine Hexerei	7
Wie du üben kannst	8
Das Zählen	9
Musteraufgaben	11
Lösungen der Musteraufgaben	12
Das Vergleichen von Zahlen	13
Musteraufgaben	16
Lösungen der Musteraufgaben	18
Aufgaben zum selbständigen Lösen	19
Addieren bis 20	21
Musteraufgaben	24
Lösungen der Musteraufgaben	28
Aufgaben zum selbständigen Lösen	33
Addieren bis 100	36
Musteraufgaben	36
Lösungen der Musteraufgaben	38
Aufgaben zum selbständigen Lösen	41
Subtrahieren bis 20	43
Musteraufgaben	45
Lösungen der Musteraufgaben	47
Aufgaben zum selbständigen Lösen	49
Subtrahieren bis 100	51
Musteraufgaben	51
Lösungen der Musteraufgaben	53
Aufgaben zum selbständigen Lösen	56

Inhaltsverzeichnis

Multiplizieren ... 58
Musteraufgaben ... 62
Lösungen der Musteraufgaben ... 65
Aufgaben zum selbständigen Lösen ... 68

Dividieren ... 70
Musteraufgaben ... 73
Lösungen der Musteraufgaben ... 74
Aufgaben zum selbständigen Lösen ... 76

Vermischte Aufgaben ... 78

Lösungen ... 82
Das Vergleichen von Zahlen ... 82
Addieren bis 20 ... 83
Addieren bis 100 ... 84
Subtrahieren bis 20 ... 85
Subtrahieren bis 100 ... 86
Multiplizieren ... 87
Dividieren ... 90
Vermischte Aufgaben ... 91

Rechnen ist keine Hexerei

Mit diesen Worten hatte Philipps Lehrer die erste Schulstunde nach den Sommerferien begonnen. Philipp ist da aber ganz anderer Meinung, denn das Rechnen in der Schule fällt ihm schon schwer. Als er das seiner Freundin Katharina erzählt, meint diese: „Na klar, du mußt eben viel mehr üben!" Denn sicheres und richtiges Rechnen ist vor allem Übungssache.
In diesem Buch kannst du zusammen mit Philipp und Katharina alle vier Grundrechenarten im Zahlenraum bis 100 kennenlernen und üben. Die kleinen Einführungen zu jedem Kapitel, in denen du die beiden Kinder wiedertriffst, erklären dir, worum es geht. Die „Musteraufgaben" zeigen dir, wie du rechnen mußt. Ihre Lösungen findest du unmittelbar hinter den Aufgaben. Wenn du etwas sicherer geworden bist, kannst du versuchen, die Musteraufgaben selbständig zu lösen. Schlag trotzdem immer auch im Buch nach, und vergleiche die Ergebnisse. Vielleicht findest du doch einen Fehler. Außerdem lernst du noch manches hinzu, denn die „Lösungen der Musteraufgaben" enthalten oft zusätzliche Tips. Hast du die Musteraufgaben aufmerksam durchgearbeitet, so werden dir die „Aufgaben zum selbständigen Lösen" nicht allzu schwerfallen. Ihre Lösungen findest du am Ende des Buches. Auch hier gilt: Immer vergleichen!
Hast du die Kapitel zu den einzelnen Grundrechenarten bearbeitet, geben dir die „vermischten Aufgaben" die Gelegenheit, noch einmal den Stoff des ganzen Buches zu wiederholen.
Ein Tip: Arbeite nicht länger als eine halbe Stunde täglich mit diesem Buch. Besondere Hilfsmittel brauchst du nicht: Ein Heft und ein Bleistift sind alles, was erforderlich ist.

Wie du üben kannst

In unserem Buch gibt es Zeichen und Figuren, die immer wieder auftauchen.

 Besonders wichtige Regeln und Merksätze erkennst du an diesem Zeichen. Diese Sätze solltest du auswendig lernen.

Lege dir ein kleines Heft an, in das du alle Regeln und Merksätze hineinschreibst. Du prägst sie dir dann besser ein. Auch das kleine Einmaleins kannst du darin notieren. Du wirst es immer wieder brauchen.

Die Musteraufgaben und ihre Lösungen erkennst du sofort an der Meßlatte am Rand.

Achte auf den Hamster und das Nilpferd. Sie geben dir in den Sprechblasen manchmal einen wichtigen Tip. Lies deshalb alle Sprechblasen aufmerksam.

Vielleicht kannst du ab und zu mit deinen Freunden einen Rechenwettbewerb organisieren. Eines der Kinder liest die Aufgaben vor, und die anderen schreiben ihre Ergebnisse auf einen Zettel. Vergleicht nach jeder Spielrunde mit den Lösungen im Buch. Sieger ist, wer die meisten richtigen Ergebnisse hat.

Wenn du dieses Buch durchgearbeitet hast, wird auch für dich das Rechnen keine Hexerei mehr sein. Viel Spaß und viel Erfolg!

Das Zählen

Philipp ist ein leidenschaftlicher Briefmarkensammler. Seine Schätze hat er nach Staaten geordnet. Er besitzt Postwertzeichen aus folgenden Herkunftsländern: Bundesrepublik Deutschland, Frankreich, Schweiz, Österreich und Niederlande. Dazu kommt noch sein besonderer Stolz, nämlich ein Viererblock mit Blumenmotiven aus Japan. Insgesamt besitzt Philipp also Marken aus sechs Ländern.
Langweilt sich Philipp, so zählt er gerne seinen Briefmarkenschatz. Da er gerade erst mit dem Sammeln begonnen hat, besitzt er noch nicht so viele Marken. Hier siehst du seine Sammlung. Zähle einmal selbst nach, wie viele Postwertzeichen aus den einzelnen Ländern Philipp besitzt. Wieviel macht das insgesamt?

Das Zählen

Philipp besitzt 15 deutsche, 11 französische, 9 schweizerische, 12 österreichische und 6 niederländische Briefmarken. Der japanische Viererblock enthält — wie der Name schon sagt — 4 Marken. Zusammen macht das

$$15 + 11 + 9 + 12 + 6 + 4 = \underline{\underline{57}}$$

Briefmarken. Anstatt die jeweilige Anzahl an Briefmarken der einzelnen Länder zusammenzuzählen, hätte Philipp auch alle seine Briefmarken nebeneinanderlegen und die so entstandene Schlange zählen können.

Bist du beim Zählen auch auf 57 gekommen? Natürlich möchte Philipp nicht so vorgehen. Wollte er nämlich die große Briefmarkenschlange wirklich hinlegen, müßte er seinen schönen Viererblock auseinanderreißen. Deshalb rechnet er lieber.

In den folgenden Abbildungen gibt es eine Menge zu zählen. Schreibe deine Ergebnisse jeweils unten links in den Kreis.

Das Zählen

Musteraufgaben

Aufgabe 1: Zähle, und trage das Ergebnis in die Kreise ein.

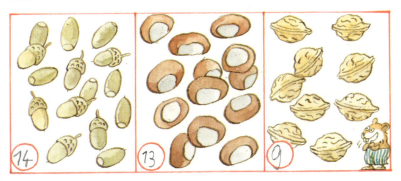

Aufgabe 2: Zähle, und trage das Ergebnis in die Kreise ein.

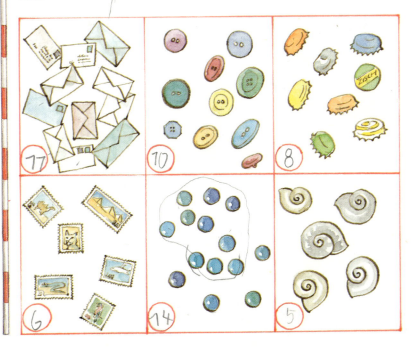

Das Zählen

Aufgabe 3: Ermittle, wie viele Gegenstände der angegebenen Art in unserem Suchbild versteckt sind.

Lösungen der Musteraufgaben

Aufgabe 1: 15 13 9

Aufgabe 2: 11 10 8 6 14 5

Aufgabe 3: 12 6 10 4 6 9 5 4

Das Vergleichen von Zahlen

Oft kommt Katharina zu Philipp zu Besuch. Auch sie sammelt seit kurzem Briefmarken. Ihre Sammlung sieht so aus:

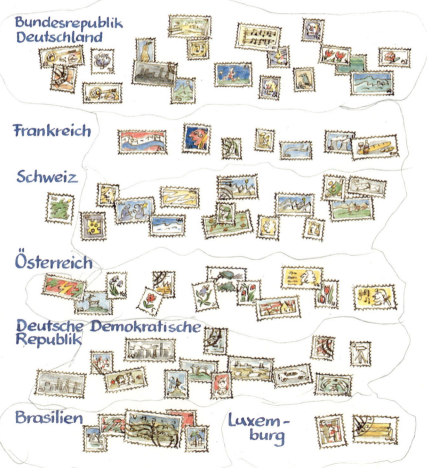

Das Vergleichen von Zahlen

Welche Zahlen hast du gefunden? Philipps Freundin besitzt 19 bundesdeutsche Marken, 7 französische, 25 aus der Schweiz, 12 aus Österreich, 2 aus Luxemburg, 13 aus der DDR und 5 brasilianische. Zusammen ergibt das

$$19 + 7 + 25 + 12 + 2 + 13 + 5 = \underline{\underline{83}}$$

Briefmarken. Besonders gerne vergleichen Philipp und Katharina ihre Sammlungen, um herauszufinden, wer von ihnen mehr Marken hat. Das führen sie sowohl für die einzelnen Länder als auch für ihre gesamten Sammlungen durch. Sie finden zum Beispiel:

a) Katharina hat mehr Marken aus der Bundesrepublik Deutschland als Philipp, denn 19 ist größer als 15.
b) Philipp hat mehr französische Marken als Katharina, denn 11 ist größer als 7.
c) Philipp hat weniger schweizerische Marken als Katharina, denn 9 ist kleiner als 25.
d) Philipp hat genauso viele österreichische Postwertzeichen wie seine Freundin, denn 12 ist gleich 12.
e) Philipp hat mehr Briefmarken aus den Niederlanden als Katharina, denn er besitzt davon 6, während Katharina gar keine hat. Man sagt: 6 ist größer als 0.
f) Philipp besitzt aber keine Briefmarken aus der DDR, Katharina hat 13. Man sagt: 0 ist kleiner als 13.

Das Vergleichen von Zahlen

Um die Beziehungen „ist größer", „ist kleiner", „ist gleich" und „ist nicht gleich" kurz und knapp ausdrücken zu können, hat man für sie eigene Zeichen erfunden. Diese sehen so aus:

„ist größer"	>	Beispiel: 19 > 15
„ist kleiner"	<	Beispiel: 9 < 25
„ist gleich"	=	Beispiel: 12 = 12
„ist nicht gleich"	≠	Beispiel: 12 ≠ 13

**Beachte, daß du die Zeichen > und < immer in die richtige Richtung setzt!
Richtig ist 19 > 15, falsch ist 19 < 15.**

< bedeutet „ist kleiner".
Das kannst du dir so merken:
< kommt von „Kleiner".

Mit den Zeichen für größer, kleiner und gleich, die du auf dieser Seite kennengelernt hast, lassen sich die Aussagen über die Briefmarkensammlungen der beiden Kinder so ausdrücken:

Bundesrepublik
Deutschland: 19 > 15
Frankreich: 11 > 7
Schweiz: 9 < 25
Österreich: 12 = 12
Niederlande: 6 > 0

DDR: 0 < 13
Japan: 4 > 0
Brasilien: 0 < 5
Anzahl der Länder: 6 < 7

15

Das Vergleichen von Zahlen

Musteraufgaben

Aufgabe 1: Welches der drei Zeichen >, < und = gehört in den Kasten?
Beispiel: In 9 □ 5 gehört >, denn 9 ist größer als 5; also 9 > 5.

a) 18 < 19   b) 7 = 7   c) 5 < 9
d) 19 < 31   e) 100 < 1000 f) 2 = 2
g) 8 > 6   h) 12 > 1   i) 0 = 0

Aufgabe 2: Welche der folgenden Behauptungen sind wahr und welche falsch?
Beispiel: 9 = 8 ist eine falsche Behauptung, denn 9 ist nicht gleich 8. Die Behauptung 9 > 8 ist wahr, da 9 größer ist als 8.

a) 10 > 8   b) 8 = 8   c) 12 < 11
d) 0 > 5   e) 9 > 3   f) 6 < 17
g) 18 = 19   h) 11 < 21   i) 10 < 100

Mit Hilfe des Zeichens > kann man auch ganze Zahlenketten zusammenfügen.

$$12 > 10 > 7 > 3 > 1 > 0$$

bedeutet: 12 ist größer als 10, 10 ist größer als 7, 7 ist größer als 3, 3 ist größer als 1, 1 ist größer als 0. Diese

Das Vergleichen von Zahlen

sechs Zahlen sind also **der Größe nach geordnet**: Die Kette beginnt links mit der größten Zahl und endet rechts mit der kleinsten. Willst du mehrere Zahlen der Größe nach ordnen, so mußt du zuerst die größte Zahl suchen, dann die zweitgrößte und so weiter.

Aufgabe 3: Ordne ebenso der Größe nach.
Beispiel: 8, 5, 12 ergibt 12 > 8 > 5.

a) 8, 6, 3   b) 15, 17, 9   c) 0, 12, 1
d) 22, 21, 2   e) 40, 50, 60   f) 100, 10, 11
g) 33, 35, 13   h) 0, 1, 2   i) 17, 9, 11, 3

Natürlich kann man auch das Zeichen für „ist kleiner als" zum Ordnen der Größe nach verwenden. Dann mußt du mit der kleinsten Zahl beginnen, anschließend die zweitkleinste suchen und so weiter.
Beispiel: Aus 7, 5, 13 wird so die Kette

$$5 < 7 < 13.$$

Damit du die beiden Möglichkeiten auseinanderhalten kannst, steht bei allen folgenden Aufgaben: „Beginne mit der größten Zahl" oder: „Beginne mit der kleinsten Zahl."

Das Vergleichen von Zahlen

Aufgabe 4: Ordne der Größe nach. Beginne mit der kleinsten Zahl (und verwende das Kleinerzeichen <).

Beispiel: 5, 1, 11 ergibt 1 < 5 < 11.
a) 6, 9, 2
b) 12, 11, 10
c) 0, 8, 7
d) 22, 26, 15
e) 40, 60, 80
f) 9, 5, 13
g) 1, 5, 3, 0
h) 2, 9, 20, 12
i) 19, 18, 4, 3, 12

Lösungen der Musteraufgaben

Aufgabe 1:
a) 18 < 19
b) 7 = 7
c) 5 < 9
d) 19 < 31
e) 100 < 1000
f) 2 = 2
g) 8 > 6
h) 12 > 1
i) 0 = 0

Aufgabe 2:
a) 10 > 8 ist wahr.
b) 8 = 8 ist wahr.
c) 12 < 11 ist falsch. Wahr ist vielmehr 12 > 11.
d) 0 > 5 ist falsch. Wahr ist vielmehr 0 < 5.
e) 9 > 3 ist wahr.
f) 6 < 17 ist wahr.
g) 18 = 19 ist falsch. Wahr ist vielmehr 18 ≠ 19.
h) 11 < 21 ist wahr.
i) 10 < 100 ist wahr.

Aufgabe 3: Es ergeben sich folgende Ketten:
a) 8 > 6 > 3
b) 17 > 15 > 9
c) 12 > 1 > 0
d) 22 > 21 > 2
e) 60 > 50 > 40
f) 100 > 11 > 10
g) 35 > 33 > 13
h) 2 > 1 > 0
i) 17 > 11 > 9 > 3

Aufgabe 4: Du findest folgende Ketten:
a) 2 < 6 < 9
b) 10 < 11 < 12
c) 0 < 7 < 8
d) 15 < 22 < 26
e) 40 < 60 < 80
f) 5 < 9 < 13
g) 0 < 1 < 3 < 5
h) 2 < 9 < 12 < 20
i) 3 < 4 < 12 < 18 < 19

Das Vergleichen von Zahlen

Aufgaben zum selbständigen Lösen

Aufgabe 1: Zähle, und ordne die Zahlen, die du gefunden hast, der Größe nach. Verwende das Größerzeichen, und beginne mit der größten Zahl.

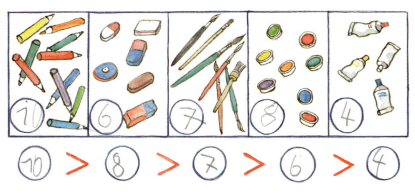

Aufgabe 2: Zähle, und ordne die Zahlen, die du gefunden hast, der Größe nach. Verwende das Kleinerzeichen, und beginne mit der kleinsten Zahl.

Aufgabe 3: Ergänze die fehlenden Zeichen.

a) 12 < 13   b) 21 ☐ 7   c) 3 ☐ 9
d) 8 = 8   e) 16 ☐ 19   f) 0 ☐ 0
g) 7 < 9 ☐ 13   h) 2 ☐ 2 ☐ 8   i) 17 ☐ 13 ☐ 2

Das Vergleichen von Zahlen

Aufgabe 4: Welche der folgenden Behauptungen sind wahr und welche falsch?
a) $5 > 1$
b) $3 > 5$
c) $4 = 6$
d) $6 = 6$
e) $18 < 20$
f) $5 < 15$
g) $21 > 12$
h) $15 \neq 15$
i) $12 > 12$

Aufgabe 5: Ordne der Größe nach. Beginne mit der größten Zahl, und verwende das Größerzeichen.
a) 5, 3, 4
b) 1, 6, 7
c) 18, 20, 15
d) 21, 12, 15
e) 18, 12, 3
f) 3, 18, 12
g) 0, 7, 12, 11
h) 17, 12, 2, 4
i) 5, 18, 13, 19

Aufgabe 6: Ordne der Größe nach. Beginne mit der kleinsten Zahl, und verwende das Kleinerzeichen.
a) 5, 1, 18
b) 3, 6, 20
c) 4, 15, 7
d) 21, 18, 3
e) 12, 21, 18
f) 16, 4, 11
g) 17, 0, 5, 12
h) 7, 12, 13, 1
i) 11, 19, 9, 2

QUIZ:

a) Welches ist die kleinste Zahl größer als 9?
b) Welches ist die größte Zahl kleiner als 20?
c) Welches ist die kleinste Zahl?
d) Welches ist die größte Zahl?
e) Welches ist die kleinste Zahl kleiner als 10?
f) Welches ist die größte Zahl, die kleiner als 13 und größer als 8 ist?

Addieren bis 20

Katharina und Philipp spielen am Nachmittag mit ihren Murmeln. Katharina geht in die dritte Klasse und kann schon ganz gut rechnen. Sie sagt zu Philipp: „Ich habe insgesamt mehr rote und blaue Murmeln als du." Weil Philipp noch nicht so gut rechnen kann, bildet Katharina mit ihren Murmeln eine Schlange. Daneben legt sie mit Philipps Murmeln eine zweite Schlange. Dann zählt der Junge.
Philipp findet: Die Murmelschlange seiner Freundin besteht aus 17 Murmeln. Sie hat 12 rote und 5 blaue. Er selbst hat insgesamt nur 15 Murmeln, 11 rote und 4 blaue. Also hat Katharina recht gehabt.

Addieren bis 20

Philipp hat die Stückzahl der verschiedenfarbigen Murmeln — 12 und 5 bei Katharina, 11 und 4 bei ihm — zusammengezählt. In der Mathematik sagt man hierfür: Er hat 12 und 5, 11 und 4 **addiert**. Die entsprechende Grundrechenart heißt **Addition**. Das Zeichen für die Addition ist +. Also sehen Philipps Rechnungen so aus:

Das kleine „Eins-plus-eins" mußt du in- und auswendig können. Es sieht so aus:

Addieren bis 20

3 + 1 = 4 3 + 2 = 5 3 + 3 = 6 3 + 4 = 7 3 + 5 = 8 3 + 6 = 9 3 + 7 = 10 3 + 8 = 11 3 + 9 = 12 3 + 10 = 13	4 + 1 = 5 4 + 2 = 6 4 + 3 = 7 4 + 4 = 8 4 + 5 = 9 4 + 6 = 10 4 + 7 = 11 4 + 8 = 12 4 + 9 = 13 4 + 10 = 14
5 + 1 = 6 5 + 2 = 7 5 + 3 = 8 5 + 4 = 9 5 + 5 = 10 5 + 6 = 11 5 + 7 = 12 5 + 8 = 13 5 + 9 = 14 5 + 10 = 15	6 + 1 = 7 6 + 2 = 8 6 + 3 = 9 6 + 4 = 10 6 + 5 = 11 6 + 6 = 12 6 + 7 = 13 6 + 8 = 14 6 + 9 = 15 6 + 10 = 16
7 + 1 = 8 7 + 2 = 9 7 + 3 = 10 7 + 4 = 11 7 + 5 = 12 7 + 6 = 13 7 + 7 = 14 7 + 8 = 15 7 + 9 = 16 7 + 10 = 17	8 + 1 = 9 8 + 2 = 10 8 + 3 = 11 8 + 4 = 12 8 + 5 = 13 8 + 6 = 14 8 + 7 = 15 8 + 8 = 16 8 + 9 = 17 8 + 10 = 18

Addieren bis 20

9 + 1 = 10	10 + 1 = 11
9 + 2 = 11	10 + 2 = 12
9 + 3 = 12	10 + 3 = 13
9 + 4 = 13	10 + 4 = 14
9 + 5 = 14	10 + 5 = 15
9 + 6 = 15	10 + 6 = 16
9 + 7 = 16	10 + 7 = 17
9 + 8 = 17	10 + 8 = 18
9 + 9 = 18	10 + 9 = 19
9 + 10 = 19	10 + 10 = 20

Im kleinen „Eins-plus-eins" erkennst du sofort: Es ist gleichgültig, in welcher Reihenfolge man addiert. Ob du 2 + 6 rechnest oder 6 + 2, das Ergebnis ist immer dasselbe – nämlich 8.

Die Zahlen, die man addiert, nennt man **Summanden**. Das Ergebnis, das man bei der Addition erhält, nennt man **Summe**.

 Die Reihenfolge der Summanden darf man bei der Addition beliebig verändern.

In den nachfolgenden Aufgaben kannst du das kleine „Eins-plus-eins" üben.

Musteraufgaben

Aufgabe 1: Berechne, und prüfe dein Ergebnis, indem du nachzählst.

a)   3 + 4 = ☐

Addieren bis 20

b) 10 + 6 = 16

c) 11 + 1 = 12

d) 2 + 3 + 4 = 9

Rechne zuerst 2+3 aus. Zum Ergebnis addierst du dann die 4.

e) 1 + 5 + 10 = 16

f) 3 + 3 + 6 = 12

Aufgabe 2: Welche Zahl gehört in den Kasten?
a) 2 + 7 = ☐   b) 5 + 10 = ☐   c) 6 + 3 = ☐
d) 3 + 6 = ☐   e) 12 + 7 = ☐   f) 8 + 11 = ☐
g) 1 + 5 + 7 = ☐   h) 5 + 5 + 6 = ☐   i) 2 + 7 + 9 = ☐

Aufgabe 3: Welche der folgenden Rechnungen sind richtig, und welche sind falsch? Prüfe durch Nachrechnen.
a) 2 + 2 = 4   b) 3 + 7 + 2 = 12   c) 10 + 10 = 20
d) 7 + 5 = 13   e) 8 + 8 + 1 = 11   f) 1 + 9 = 10
g) 3 + 5 + 7 = 15   h) 1 + 9 + 10 = 20 i) 2 + 2 = 4
In welcher Aufgabe ist der Fehler am größten?

Addieren bis 20

Aufgabe 4: Ergänze die fehlende Zahl.

Aufgabe 5: Bring die Waage ins Gleichgewicht, indem du in den Kasten die richtige Zahl einträgst.

Aufgabe 6: Wieviel wiegt der Güterzug insgesamt?

Addieren bis 20

Aufgabe 7: Bilde in den untenstehenden Quadraten alle möglichen Summen von drei Zahlen, die entweder nebeneinander, untereinander oder schräg nebeneinander stehen.

Aufgabe 8: Verfahre wie in Aufgabe 7. Was fällt dir an diesem Quadrat auf?

Addieren bis 20

Aufgabe 9: Ergänze die fehlende Zahl.
a) $8 + \square = 12$ b) $\square + 11 = 15$ c) $6 + 9 = \square$
d) $7 + \square = 15$ e) $1 + 2 + \square = 7$ f) $\square + 7 = 8$

Aufgabe 10: Berechne:
a) $2 + 3 + 4$ b) $1 + 5 + 7$ c) $9 + 10$
d) $2 + 2 + 3 + 3$ e) $1 + 2 + 3 + 4$ f) $5 + 6 + 7$

Lösungen der Musteraufgaben

Aufgabe 1: a) $3 + 4 = 7$. Dieses Ergebnis erhältst du auch, wenn du zuerst die 3 Murmeln der oberen Reihe und dann die 4 Murmeln aus der unteren zählst:

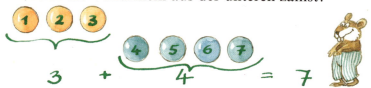

b) $10 + 6 = 16$. Auch dieses Ergebnis kannst du durch Nachzählen leicht bestätigen.

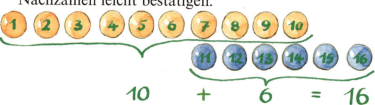

c) $11 + 1 = 12$. Das zugehörige Bild sieht so aus:

Addieren bis 20

d) 2 + 3 + 4 = 5 + 4 = 9. Das hierzu passende Bild kannst du nun sicher schon selbst entwerfen.

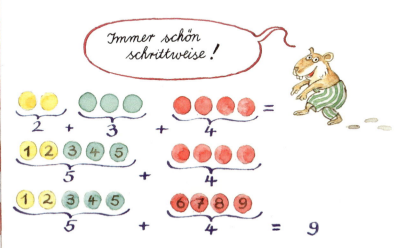

Mach dir anhand der Bilder nochmals klar, daß es nicht auf die Reihenfolge ankommt, in der die zu addierenden Zahlen stehen.

3 + 4 sieht so aus: ① ② ③ ④ ⑤ ⑥ ⑦ = 7
4 + 3 sieht so aus: ① ② ③ ④ ⑤ ⑥ ⑦ = 7

Das Ergebnis ist in beiden Fällen dasselbe.

e) 1 + 5 + 10 = 6 + 10 = 16
f) 3 + 3 + 6 = 6 + 6 = 12

Aufgabe 2:
a) 2 + 7 = 9 b) 5 + 10 = 15 c) 6 + 3 = 9
d) 3 + 6 = 9 (logo!) e) 12 + 7 = 19 f) 8 + 11 = 19
g) 1 + 5 + 7 = 6 + 7 = 13 h) 5 + 5 + 6 = 10 + 6 = 16
i) 2 + 7 + 9 = 9 + 9 = 18

Addieren bis 20

Aufgabe 3: a) $2 + 2 = 4$ ist richtig.
b) $3 + 7 + 2 = 12$ ist richtig,
denn $3 + 7 + 2 = 10 + 2 = 12$.
c) $10 + 10 = 20$ ist richtig.
d) $7 + 5 = 13$ ist falsch, denn $7 + 5 = 12$.
e) $8 + 8 + 1 = 11$ ist falsch,
denn $8 + 8 + 1 = 16 + 1 = 17$.
f) $1 + 9 = 10$ ist richtig.
g) $3 + 5 + 7 = 15$ ist richtig, denn $3 + 5 + 7 = 8 + 7 = 15$.
h) $1 + 9 + 10 = 20$ ist richtig,
denn $1 + 9 + 10 = 10 + 10 = 20$.
i) $2 + 2 = 4$ ist richtig.
Der größte Fehler steckt in Aufgabe e), denn dort beträgt der Unterschied zwischen angeblicher und wirklicher Lösung 6. In der falsch gelösten Aufgabe d) beträgt dieser Unterschied nur 1.

Aufgabe 4: Wir fangen oben an und gehen im Uhrzeigersinn (also nach rechts) um den Stern herum.

$8 + 6 = 14$ $\quad 13 + 1 = 14$ $\quad 11 + 3 = 14$
$11 + 3 = 14$ $\quad 2 + 12 = 14$ $\quad 6 + 8 = 14$
$5 + 9 = 14$ $\quad 1 + 13 = 14$

Das Ergebnis lautet also immer 14. Eine Zahl läßt sich auf vielerlei Arten als Summe zweier Zahlen darstellen.

$0 + 6 = 6,\quad 6 + 0 = 6,$
$3 + 3 = 6,\quad 2 + 4 = 6,$
$1 + 5 = 6,\quad 5 + 1 = 6,$
$4 + 2 = 6,$

Das siehst du schon an einer kleinen Zahl wie 6!

Addieren bis 20

Aufgabe 5: a) Du mußt rechts eine 2 in den Kasten eintragen, um die Waage ins Gleichgewicht zu bringen. Denn es ist 8 = 6 + 2.
b) Zuerst rechnest du am besten 3 + 1 aus. Das ergibt 4. Von 4 bis 9 fehlen noch 5. Also gehört eine 5 in den Kasten. Es ist 3 + 1 + 5 = 4 + 5 = 9.
c) Auf der linken Waagschale fehlen noch 7. Also muß eine 7 in den Kasten.
d) Hier fehlt eine 10. Die Rechnung sieht für c) und d) gleich aus: 10 + 7 = 17. Einmal steht die 7 im Kasten, das andere Mal die 10.

Aufgabe 6: a) 10 + 5 + 5 = 15 + 5 = 20
b) 4 + 3 + 8 = 7 + 8 = 15

Aufgabe 7:

| 1 |
| 9 | ergibt   1 + 9 + 7 = 10 + 7 = 17.
| 7 |

| 2 |
| 5 | ergibt   2 + 5 + 8 = 7 + 8 = 15.
| 8 |

| 3 |
| 6 | ergibt   3 + 6 + 4 = 9 + 4 = 13.
| 4 |

| 1 | 2 | 3 | ergibt   1 + 2 + 3 = 3 + 3 = 6.

| 9 | 5 | 6 | ergibt   9 + 5 + 6 = 14 + 6 = 20.

| 7 | 8 | 4 | ergibt   7 + 8 + 4 = 15 + 4 = 19.

Addieren bis 20

|1|
 |5| ergibt   1 + 5 + 4 = 6 + 4 = 10.
    |4|

    |3|
 |5| ergibt   7 + 5 + 3 = 12 + 3 = 15.
|7|

In dem kleineren Quadrat findest du folgende Summen:

5 + 6 = 11   8 + 7 = 15   5 + 8 = 13
6 + 7 = 13   5 + 7 = 12   8 + 6 = 14

Aufgabe 8: Du findest folgende Summen:

von oben nach unten: 8 + 3 + 4 = 11 + 4 = 15
                        1 + 5 + 9 = 6 + 9 = 15
                        6 + 7 + 2 = 13 + 2 = 15
von links nach rechts: 8 + 1 + 6 = 9 + 6 = 15
                        3 + 5 + 7 = 8 + 7 = 15
                        4 + 9 + 2 = 13 + 2 = 15
und schließlich schräg: 8 + 5 + 2 = 13 + 2 = 15
                        4 + 5 + 6 = 9 + 6 = 15

Stets ist dieselbe Zahl – nämlich 15 – das Ergebnis. Diese Art von Quadraten heißen **Zauberquadrate** oder auch **magische Quadrate**.

Hier ist so ein Zauberquadrat! Kannst du es schon nachrechnen?

Addieren bis 20

Versuche einmal, das untenstehende Zauberquadrat zu vervollständigen. Alle Ergebnisse lauten bei ihm 15.

Aufgabe 9: a) Du mußt 4 ergänzen, denn 8 + 4 = 12.
b) Hier fehlt ebenfalls eine 4, denn 4 + 11 = 15.
c) 6 + 9 = 15   d) 7 + 8 = 15
e) Da 1 + 2 = 3 ist, fehlt bis 7 eine 4, denn 1 + 2 + 4 = 7.
f) 1 + 7 = 8

Aufgabe 10: Sind mehrere Zahlen zu addieren, so mußt du schrittweise vorgehen. Beginne links, und arbeite dich nach rechts vor.
a) 2 + 3 + 4 = 5 + 4 = 9   b) 1 + 5 + 7 = 6 + 7 = 13
c) 9 + 10 = 19   d) 2 + 2 + 3 + 3 = 4 + 3 + 3 = 7 + 3 = 10
e) 1 + 2 + 3 + 4 = 3 + 3 + 4 = 6 + 4 = 10
f) 5 + 6 + 7 = 11 + 7 = 18

Aufgaben zum selbständigen Lösen

Aufgabe 1: Zähle zusammen, und schreibe die zugehörige Rechnung auf.
a)
b)

3 DSH Grundrechenarten

Addieren bis 20

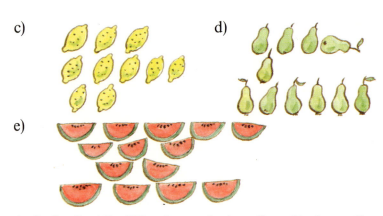

Aufgabe 2: Alle Kästchen mit derselben Farbe stellen eine Zahl dar. Finde durch Nachzählen heraus, welche Zahlen in den Mustern versteckt sind. Wie lauten die zugehörigen Rechnungen?

Beispiel: Es gibt 3 rote Felder. Also stellen die roten Felder die Zahl 3 dar. Grün ergibt die Zahl 6 und blau die Zahl 7. Zusammen gibt es 16 Felder. Damit sieht die zugehörige Rechnung so aus:

$$3 + 6 + 7 = 9 + 7 = 16.$$

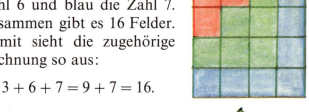

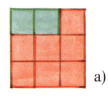

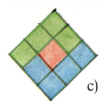

Aufgabe 3: Berechne:
a) $12 + 5$ b) $7 + 9$ c) $2 + 10$
d) $9 + 7$ e) $1 + 1$ f) $3 + 2$
g) $11 + 9$ h) $6 + 7$ i) $5 + 15$
j) $14 + 4$ k) $13 + 1$ l) $2 + 17$

Addieren bis 20

Aufgabe 4: Berechne:
a) 2 + 3 + 5   b) 10 + 1 + 3   c) 2 + 7 + 1
d) 4 + 6 + 8   e) 6 + 6 + 6   f) 4 + 10 + 2
g) 5 + 4 + 11   h) 10 + 9 + 1   i) 5 + 5 + 10

Aufgabe 5: Die Kinder haben in Lehrer Warzels Rechenaufgaben an der Tafel immer eine Zahl ausgewischt. Kannst du ihm helfen?

a) 8 + ⬚ = 14   b) 7 + 3 = ⬚
c) 2 + ⬚ + 2 = 6
d) ⬚ + 7 = 16   e) 2 + ⬚ = 13
f) 10 + 8 = ⬚

Aufgabe 6: Berechne:
a) 3 + 4 + 5 + 6   b) 2 + 3 + 7 + 1
c) 10 + 1 + 1 + 1 + 2   d) 12 + 6 + 1 + 1
e) 2 + 7 + 7 + 2 + 1   f) 6 + 6 + 4 + 2

Aufgabe 7: Rainer zeigt Julia ein Zauberquadrat, das er erfunden hat. Plötzlich sagt seine Freundin: „Das ist ja gar kein richtiges Zauberquadrat." Findest du den Fehler, den Rainer gemacht hat?

Addieren bis 100

Das Addieren großer Zahlen geht natürlich genauso wie das kleiner Zahlen. Allerdings kann es schwieriger werden, weshalb man die schriftlichen Rechenverfahren und allerlei Rechenmaschinen erfunden hat. Wir wollen uns hier aber auf unser Gedächtnis verlassen und ohne Hilfsmittel arbeiten.

Musteraufgaben

Aufgabe 1: Berechne:
a) 17 + 23   b) 54 + 25   c) 7 + 93
d) 12 + 68   e) 35 + 46   f) 49 + 6
g) 54 + 21   h) 77 + 18   i) 92 + 5

Aufgabe 2: Welche Zahl gehört in den Kasten?
a) 46 + 24 = ☐   b) 57 + ☐ = 70   c) 8 + 84 = ☐
d) 32 + ☐ = 40   e) ☐ + 19 = 20   f) 63 + 28 = ☐
g) 36 + 21 = ☐   h) 47 + ☐ = 82   i) 62 + 26 = ☐

Aufgabe 3: Welches Zeichen gehört in den Kasten? Zur Auswahl stehen das Größerzeichen (>), das Gleichheitszeichen (=) und das Kleinerzeichen (<).
a) 11 + 23 ☐ 44   b) 45 + 55 ☐ 99   c) 7 + 12 ☐ 22
d) 88 + 7 ☐ 86   e) 62 + 37 ☐ 99   f) 38 + 47 ☐ 85
g) 65 + 35 ☐ 100   h) 49 + 49 ☐ 100   i) 17 + 77 ☐ 94

Addieren bis 100

Aufgabe 4: Kannst du die Zauberquadrate ergänzen? Die Summe, die sich jeweils ergeben soll, ist unter dem Quadrat angegeben.

a)

16		14
20		18

51

b)

35		
30	32	
		29

96

c)

		27
28	30	
33		

90

Aufgabe 5: In einem richtigen Zauberquadrat dürfen nur Zahlen stehen, die unmittelbar aufeinander folgen und die mit 1 beginnen. Das folgende Quadrat ist ein solches richtiges Zauberquadrat. Ergänze es.

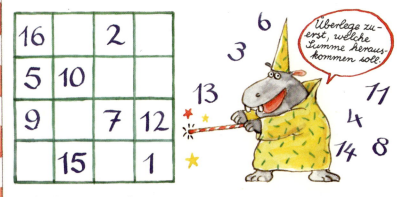

Aufgabe 6: Berechne:
a) $11 + 23 + 9$ b) $27 + 13 + 15$ c) $8 + 88 + 3$
d) $16 + 40 + 37$ e) $25 + 5 + 45$ f) $64 + 5 + 12 + 7$
g) $19 + 29 + 39 + 4$ h) $82 + 1 + 3 + 0$ i) $56 + 12 + 4 + 9$

Aufgabe 7: Die Zeichnung zeigt dir, wie lange Petra für die verschiedenen Stationen ihres Schulweges braucht.

Addieren bis 100

Alle Angaben sind in Minuten gemacht. Wie lange ist sie insgesamt unterwegs?

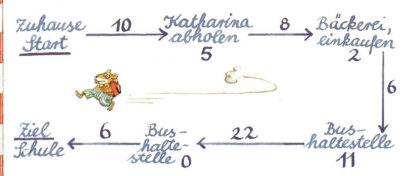

Lösungen der Musteraufgaben

Aufgabe 1:
a) 17 + 23 = 40   b) 54 + 25 = 79   c) 7 + 93 = 100
d) 12 + 68 = 80   e) 35 + 46 = 81   f) 49 + 6 = 55
g) 54 + 21 = 75   h) 77 + 18 = 95   i) 92 + 5 = 97

Wenn dir das Rechnen mit größeren Zahlen noch Schwierigkeiten macht, hilft folgender Trick: Sollst du beispielsweise 42 + 37 ausrechnen, so tust du das in zwei Schritten. Zuerst rechnest du 42 + 30. Das ergibt 72. Dann zählst du noch die 7 dazu, die von den 37 übriggeblieben sind: 72 + 7 = 79. Rechne die Aufgaben a) bis i) mit diesem Trick nochmals.

Aufgabe 2: In den Kasten gehören folgende Zahlen:
a) 70   b) 13   c) 92
d) 8   e) 1   f) 91
g) 57   h) 35   i) 88

Addieren bis 100

Aufgabe 3: Die Lösungen sehen so aus:
a) $11 + 23 = 34$ (rechne so: $11 + 20 = 31$, $31 + 3 = 34$), also muß es heißen: $11 + 23 < 44$.
b) $45 + 55 = 100$, also $45 + 55 > 99$.
c) $7 + 12 = 19$, also $7 + 12 < 22$.
d) $88 + 7 = 95$, also $88 + 7 > 86$.
e) $62 + 37 = 99$, also $62 + 37 = 99$.
f) $38 + 47 = 85$, also $38 + 47 = 85$.
g) $65 + 35 = 100$, also $65 + 35 = 100$.
h) $49 + 49 = 98$, also $49 + 49 < 100$.
i) $17 + 77 = 94$, also $17 + 77 = 94$.

Aufgabe 4: Die Lösungen sehen so aus:

Aufgabe 5: Zuerst mußt du herausfinden, welche Summe das Zauberquadrat hat. Zum Glück stehen ja in einer

Addieren bis 100

Richtung (nämlich von links oben nach rechts unten) alle vier Zahlen da. Du mußt rechnen:

$$16 + 10 + 7 + 1 = 26 + 7 + 1 = 33 + 1 = 34.$$

Also muß überall die Summe 34 herauskommen. Welche Zahl muß unten links stehen? Du rechnest:
$16 + 5 + 9 = 21 + 9 = 30$. Da sich 34 ergeben soll, fehlt also noch eine 4.

16	3	2	13
5	10	11	8
9	6	7	12
4	15	14	1

Aufgabe 6:
a) $11 + 23 + 9 = 34 + 9 = 43$ (Hast du Schwierigkeiten, so rechne: $11 + 20 = 31$, $31 + 3 = 34$, $34 + 9 = 43$.)
b) $27 + 13 + 15 = 40 + 15 = 55$
c) $8 + 88 + 3 = 96 + 3 = 99$
d) $16 + 40 + 37 = 56 + 37 = 93$
e) $25 + 5 + 45 = 30 + 45 = 75$
f) $64 + 5 + 12 + 7 = 69 + 12 + 7 = 81 + 7 = 88$
g) $19 + 29 + 39 + 4 = 48 + 39 + 4 = 87 + 4 = 91$
h) $82 + 1 + 3 + 0 = 83 + 3 + 0 = 86 + 0 = 86$
i) $56 + 12 + 4 + 9 = 68 + 4 + 9 = 72 + 9 = 81$

Aufgabe 7: Für den ganzen Schulweg braucht Petra

$$10 + 5 + 8 + 2 + 6 + 11 + 22 + 0 + 6 = 70$$

Minuten. Sie hat also einen sehr langen Weg zur Schule.

Addieren bis 100

Aufgaben zum selbständigen Lösen

Aufgabe 1: Berechne:
a) 4 + 44   b) 75 + 23   c) 41 + 33
d) 55 + 22   e) 81 + 8   f) 16 + 7
g) 79 + 16   h) 52 + 26   i) 15 + 54
j) 75 + 12   k) 66 + 34   l) 19 + 28
m) 18 + 36   n) 36 + 18   o) 49 + 47

Aufgabe 2: Berechne:
a) 14 + 28 + 17   b) 79 + 7 + 14   c) 16 + 8 + 32
d) 53 + 1 + 2 + 9   e) 80 + 8 + 2 + 5
f) 34 + 33 + 32   g) 9 + 18 + 27 + 36
h) 20 + 19 + 27 + 9   i) 15 + 24 + 33 + 17
j) 44 + 23 + 14 + 11   k) 2 + 11 + 20 + 46

Aufgabe 3: Welches Zeichen gehört in den Kasten? Zur Auswahl stehen das Größerzeichen (>), das Gleichheitszeichen (=) und das Kleinerzeichen (<).
a) 18 + 35 ☐ 50   b) 7 + 77 ☐ 84   c) 44 + 43 ☐ 87
d) 71 + 12 ☐ 84   e) 15 + 55 ☐ 70   f) 22 + 74 ☐ 95
g) 80 + 18 ☐ 98   h) 33 + 24 ☐ 58   i) 44 + 49 ☐ 93

Aufgabe 4: Die Karte zeigt verschiedene Wege von Münchhausen nach Schilda. Die Zahlen bedeuten die Fahrzeiten in Minuten. Ermittle die Fahrzeiten für alle Wege. Welcher Weg ist der schnellste? Auf welchem braucht man am längsten?

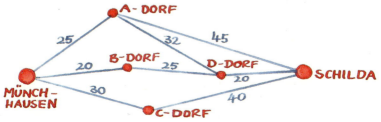

Addieren bis 100

Aufgabe 5: Welche Zahl gehört in das Kästchen?
a) $18 + 37 = \square$ b) $29 + \square = 36$ c) $47 + 27 = \square$
d) $2 + 19 + \square = 27$ e) $78 + 21 = \square$ f) $\square + 79 = 80$
g) $\square + 9 = 20$ h) $39 + 12 = \square$ i) $17 + \square = 40$

Aufgabe 6: Peter hat eine Additionstabelle erfunden. Oben trägt er die eine Zahl ein, die addiert werden soll, links die andere. In das Feld, in dem sich die beiden Reihen dieser Zahlen treffen, schreibt er die Summe der beiden Zahlen. Das sieht also so aus:

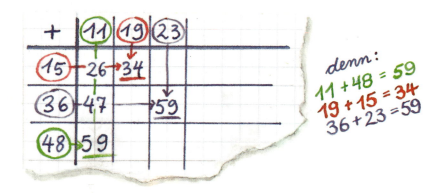

Fülle die folgenden beiden Tabellen aus.

+	16	28	36	9
23				
31				
42				
17				

+	7	13	25	46
54				
49				
32				
3				

Subtrahieren bis 20

Nach den Sommerferien zeigen sich Philipp und Katharina gegenseitig die Schätze, die sie aus dem Urlaub mitgebracht haben. Philipp hat an der Nordsee Muscheln, Steine, Zukkerstückchen, Eisschirmchen und Aufkleber gesammelt. Katharina war mit ihren Eltern am Mittelmeer und holt aus ihrer Tasche fast die gleichen Gegenstände. Jetzt stellen die Kinder eine Tabelle auf:

Alle Achtung – die beiden haben ja nicht schlecht gehamstert!

	Philipp	Katharina
Muscheln	15	19
Steine	11	7
Zuckerstücke	9	15
Eisschirmchen	12	12
Aufkleber	6	0

Subtrahieren bis 20

Als die Tabelle fertig ist, wird gerechnet. Katharina sagt: „Ich habe 4 Muscheln mehr gesammelt als du, denn von 15 bis 19 fehlen noch 4." „Dafür habe ich aber 4 Steine mehr", erwidert ihr Freund, „denn von 7 bis 11 fehlen ebenfalls 4." Die Rechnungen sehen so aus:

$$15 + 4 = 19$$
$$7 + 4 = 11$$

Anstatt zu sagen: „Von 15 fehlen 4 bis 19", kann man auch sagen: „Wenn man von 19 die Zahl 4 wegnimmt, so bleiben 15 übrig." Wegnehmen heißt in der Mathematik **subtrahieren**. Die **Subtraktion,** so nennt man die entsprechende Grundrechenart, wird so geschrieben:

$$19 - 4 = 15$$

Für die Steine lautet die Rechnung:

$$11 - 4 = 7$$

Das Zeichen für die Subtraktion ist also −. Die Zahl, von der etwas abgezogen wird, heißt **Minuend**. Die Zahl, die abgezogen werden soll, nennt man **Subtrahend,** das Ergebnis einer Subtraktionsaufgabe **Differenz**.

Hier siehst du einige andere Rechnungen, die Katharina und Philipp angestellt haben:

$$\text{Zuckerstücke}: \quad 15 - 9 = 6$$
$$\text{Eisschirmchen}: \quad 12 - 12 = 0$$
$$\text{Aufkleber}: \quad 6 - 0 = 6$$

Subtrahieren bis 20

Bei der Subtraktion ist eine Regel ganz wichtig:

> **Die Subtraktion ist nur ausführbar, wenn die abzuziehende Zahl kleiner oder gleich der Zahl ist, von der abgezogen wird. Die Reihenfolge der Zahlen darf bei der Subtraktion niemals vertauscht werden.**

Anstatt zu fragen: „Wieviel ist 12 − 7?", kann man immer auch fragen: „Wieviel muß man zu 7 dazuzählen, um 12 zu erhalten?" Die beiden Rechnungen

$$12 - 7 = \Box \quad \text{und} \quad 12 = 7 + \Box$$

sind völlig gleichwertig.

Musteraufgaben

Aufgabe 1: Berechne, und gib immer die entsprechende Aufgabe mit der Addition an.
- a) 8 − 5 = ☐
- b) 13 − 3 = ☐
- c) 19 − 12 = ☐
- d) 15 − 10 = ☐
- e) 6 − 5 = ☐
- f) 18 − 8 = ☐
- g) 12 − 11 = ☐
- h) 7 − 7 = ☐
- i) 13 − 2 = ☐

Aufgabe 2: Wie lautet die entsprechende Aufgabe mit dem Subtraktionszeichen? Rechne aus:
- a) 19 = 12 + ☐
- b) 16 = 1 + ☐
- c) 20 = 10 + ☐
- d) 11 = 7 + ☐
- e) 15 = 13 + ☐
- f) 18 = 8 + ☐
- g) 15 = 3 + ☐
- h) 9 = 5 + ☐
- i) 7 = 7 + ☐

Aufgabe 3: Berechne:
- a) 19 − 7
- b) 17 − 5
- c) 9 − 8
- d) 8 − 8
- e) 20 − 20
- f) 13 − 11
- g) 15 − 9
- h) 16 − 1
- i) 14 − 2

Subtrahieren bis 20

Aufgabe 4: Wieviel Kilogramm Mehl mußt du aus dem schwereren Sack ausschütten, damit die Waage ins Gleichgewicht kommt?

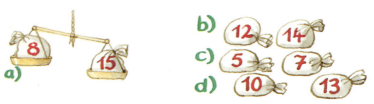

Aufgabe 5: Welche Zahl gehört in den Kasten?
a) 18 − 4 = ☐   b) 12 − ☐ = 11   c) 9 − 8 = ☐
d) 15 − ☐ = 10   e) ☐ − 10 = 10   f) 13 − ☐ = 8
g) 19 − ☐ = 2   h) ☐ − 7 = 3   i) 20 − 13 = ☐

Aufgabe 6: Hier siehst du Helgas Hausaufgaben. Rechne nach, welche Aufgaben richtig und welche falsch sind.

a) 12 − 7 = 5   b) 9 − 6 = 2   c) 8 − 8 = 0
d) 19 − 10 = 8   e) 10 − 5 = 5   f) 13 − 12 = 1
g) 11 − 10 = 1   h) 18 − 9 = 9   i) 5 − 3 = 2

Aufgabe 7: Welches Zeichen gehört in den Kasten? Du hast die Auswahl zwischen dem Größerzeichen (>), dem Gleichheitszeichen (=) und dem Kleinerzeichen (<).
a) 8 − 7 ☐ 2   b) 13 − 5 ☐ 8   c) 15 − 15 ☐ 1
d) 19 − 11 ☐ 7   e) 19 − 14 ☐ 5   f) 20 − 10 ☐ 10
g) 11 − 8 ☐ 2   h) 16 − 2 ☐ 15   i) 9 − 2 ☐ 7

Subtrahieren bis 20

Lösungen der Musteraufgaben

Aufgabe 1: a) $8 - 5 = 3$, als Addition: $8 = 5 + 3$.
b) $13 - 3 = 10$, als Addition: $13 = 3 + 10$.
c) $19 - 12 = 7$, als Addition: $19 = 12 + 7$.
d) $15 - 10 = 5$, als Addition: $15 = 10 + 5$.
e) $6 - 5 = 1$, als Addition: $6 = 5 + 1$.
f) $18 - 8 = 10$, als Addition: $18 = 8 + 10$.
g) $12 - 11 = 1$, als Addition: $12 = 11 + 1$.
h) $7 - 7 = 0$, als Addition: $7 = 7 + 0$.
i) $13 - 2 = 11$, als Addition: $13 = 2 + 11$.

Aufgabe 2: Die zugehörige Subtraktionsaufgabe lautet:
a) $19 - 12 = \Box$, Ergebnis: 7.
b) $16 - 1 = \Box$, Ergebnis: 15.
c) $20 - 10 = \Box$, Ergebnis: 10.
d) $11 - 7 = \Box$, Ergebnis: 4.
e) $15 - 13 = \Box$, Ergebnis: 2.
f) $18 - 8 = \Box$, Ergebnis: 10.
g) $15 - 3 = \Box$, Ergebnis: 12.
h) $9 - 5 = \Box$, Ergebnis: 4.
i) $7 - 7 = \Box$, Ergebnis: 0.

Aufgabe 3:
a) $19 - 7 = 12$ b) $17 - 5 = 12$ c) $9 - 8 = 1$
d) $8 - 8 = 0$ e) $20 - 20 = 0$ f) $13 - 11 = 2$
g) $15 - 9 = 6$ h) $16 - 1 = 15$ i) $14 - 2 = 12$

Aufgabe 4: a) Du mußt aus dem schweren Sack 7 Kilogramm Mehl ausschütten. Die Rechnung lautet:

$$8 + 7 = 15 \quad \text{oder} \quad 15 - 7 = 8.$$

Subtrahieren bis 20

b) Du mußt 2 Kilogramm ausschütten. Die Rechnung lautet:
$$12 + 2 = 14 \quad \text{oder} \quad 14 - 2 = 12.$$

c) Du mußt wieder 2 Kilogramm ausschütten. Die Rechnung lautet:
$$5 + 2 = 7 \quad \text{oder} \quad 7 - 2 = 5.$$

d) Du mußt 3 Kilogramm ausschütten. Die Rechnung lautet:
$$10 + 3 = 13 \quad \text{oder} \quad 13 - 3 = 10.$$

Aufgabe 5: a) In den Kasten gehört die Zahl 14, denn $18 - 4 = 14$.
b) 1, denn $12 - 1 = 11$. c) 1, denn $9 - 8 = 1$.
d) 5, denn $15 - 5 = 10$. e) 20, denn $20 - 10 = 10$.
f) 5, denn $13 - 5 = 8$. g) 17, denn $19 - 17 = 2$.
h) 10, denn $10 - 7 = 3$. i) 7, denn $20 - 13 = 7$.

Aufgabe 6:
a) $12 - 7 = 5$ ist richtig.
b) $9 - 6 = 2$ ist falsch. Richtig ist $9 - 6 = 3$.
c) $8 - 8 = 0$ ist richtig.
d) $19 - 10 = 8$ ist falsch. Richtig ist $19 - 10 = 9$.
e) $10 - 15 = 5$ ist falsch. Die Subtraktion ist gar nicht ausführbar, da die erste Zahl (10) kleiner als die zweite Zahl (15) ist. Wahrscheinlich liegt ein Schreibfehler vor, und es soll heißen: $15 - 10 = 5$.
f) $13 - 12 = 1$ ist richtig.
g) $11 - 10 = 1$ ist richtig.
h) $18 - 9 = 9$ ist richtig.
i) $5 - 3 = 2$ ist richtig.

Aufgabe 7: a) Es muß heißen $8 - 7 < 2$, denn $8 - 7 = 1$.
b) $13 - 5 = 8$ c) $15 - 15 < 1$, denn $15 - 15 = 0$.

Subtrahieren bis 20

d) 19 − 11 > 7, denn 19 − 11 = 8.   e) 19 − 14 = 5
f) 20 − 10 = 10   g) 11 − 8 > 2, denn 11 − 8 = 3.
h) 16 − 2 < 15, denn 16 − 2 = 14.   i) 9 − 2 = 7

Aufgaben zum selbständigen Lösen

Aufgabe 1: Stelle die Rechnungen auf, die zu den folgenden „Geburtstagstortenbildern" gehören. Berechne anschließend:

Aufgabe 2: Berechne:
a) 19 − 17   b) 12 − 5   c) 12 − 12   d) 17 − 5
e) 20 − 10   f) 10 − 3   g) 7 − 4   h) 5 − 5
i) 12 − 0   j) 8 − 4   k) 18 − 13   l) 15 − 10
m) 14 − 9   n) 16 − 9   o) 4 − 3   p) 3 − 2

Aufgabe 3: Welche Zahl gehört ins Kästchen?
a) 18 − 7 = ☐   b) 12 − ☐ = 6   c) 10 − 5 = ☐
d) 5 − 5 = ☐   e) 7 − ☐ = 0   f) ☐ − 8 = 2
g) 15 − 13 = ☐   h) 20 − 17 = ☐   i) 11 − ☐ = 4
j) 13 − ☐ = 4   k) 19 − 4 = ☐   l) 15 − 7 = ☐

4 DSH Grundrechenarten

Subtrahieren bis 20

Aufgabe 4: Welches Zeichen gehört in den Kasten? Zur Auswahl stehen das Größerzeichen (>), das Gleichheitszeichen (=) und das Kleinerzeichen (<).
a) 8 − 5 ☐ 3   b) 12 − 8 ☐ 5   c) 15 − 9 ☐ 2
d) 20 − 20 ☐ 2   e) 9 − 9 ☐ 0   f) 13 − 8 ☐ 5
g) 17 − 14 ☐ 3   h) 18 − 17 ☐ 1   i) 6 − 4 ☐ 3

Aufgabe 5: Hier siehst du verschieden große Flächen, die mit Fliesen ausgelegt sind. Die rotumrandeten Fliesen sollen herausgenommen werden. Wie viele Fliesen bleiben jeweils übrig? Schreibe die zugehörige Rechnung auf.

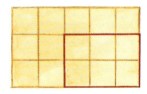

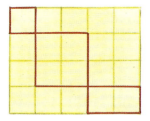

Aufgabe 6: Wie lautet das Ergebnis?
a) 20 − 12 = ☐
b) 16 − 4 − 8 − 2 = ☐

Subtrahieren bis 100

Will man von einer größeren Zahl eine große Zahl abziehen, so findet man das Ergebnis oft nicht auf den ersten Blick. Was ergibt 87 − 38? Hier hilft der Trick mit der Zweistufenrakete: Zuerst ziehen wir von 87 die 8 ab. Das ergibt 79.

Davon ziehen wir noch die 30 ab und finden 49 als Ergebnis. Wir haben also so gerechnet:

$$87 - 38 = 87 - 8 - 30 = 79 - 30 = 49.$$

Willst du ganz sicher gehen, so kannst du auch, anstatt gleich 8 abzuziehen, zuerst einmal 7 abziehen. Dann kommst du nämlich auf den nächsten **vollen Zehner**: 87 − 7 = 80. Von der abzuziehenden 8 ist noch 1 übrig: 80 − 1 = 79. Jetzt geht es weiter wie eben: 79 − 30 = 49. Natürlich finden wir bei beiden Rechenarten dasselbe Ergebnis. Das zweite Verfahren ist ein bißchen umständlich. Du solltest es aber immer anwenden, wenn du unsicher bist, da es das sicherere Verfahren ist.

Musteraufgaben

Aufgabe 1: Wie heißt die entsprechende Subtraktionsaufgabe? Berechne anschließend:
a) 36 = 19 + ☐   b) 54 = 25 + ☐   c) 82 = 17 + ☐
d) 44 = 32 + ☐   e) 15 = 6 + ☐   f) 100 = 72 + ☐
g) 54 = 17 + ☐   h) 69 = 26 + ☐   i) 76 = 19 + ☐

Aufgabe 2: Berechne:
a) 74 − 13   b) 19 − 7   c) 25 − 15
d) 38 − 6   e) 44 − 11   f) 86 − 32

Subtrahieren bis 100

g) 19 − 15   h) 100 − 100   i) 50 − 20
j) 75 − 45   k) 39 − 13   l) 26 − 25
m) 83 − 44   n) 47 − 17   o) 82 − 18

Aufgabe 3: Welches Zeichen gehört in den Kasten? Zur Auswahl stehen das Größerzeichen (>), das Gleichheitszeichen (=) und das Kleinerzeichen (<).

a) 78 − 35 ☐ 33   b) 20 − 19 ☐ 0   c) 95 − 76 ☐ 20
d) 58 − 38 ☐ 10   e) 83 − 26 ☐ 57   f) 33 − 22 ☐ 11
g) 90 − 80 ☐ 10   h) 97 − 88 ☐ 10

Aufgabe 4: Hier siehst du Bernds Hausaufgaben. Rechne nach, welche Aufgaben er richtig gemacht hat und welche falsch.

a) 57 − 26 = 31   d) 100 − 90 = 10
b) 42 − 28 = 15   e) 89 − 23 = 56
c) 29 − 13 = 6   f) 70 − 35 = 25

Aufgabe 5: Das ist eine Patent-Differenzmaschine. Gibt man ihr eine Zahl zwischen 50 und 100 ein, so zieht sie solange 13 ab, bis die Subtraktion nicht mehr ausführbar ist. Die letzte Differenz gibt die Maschine aus.

Beispiel: Lautet die Eingabe 54, so geschieht folgendes: 54 − 13 = 41, 41 − 13 = 28, 28 − 13 = 15, 15 − 13 = 2, 2 − 13 geht nicht. Also lautet die Ausgabe 2. Welche Zahlen gibt die Maschine aus, wenn du ihr 69, 78 und 90 eingibst? Welche Rechnungen führt sie aus?

Subtrahieren bis 100

Aufgabe 6: Michaela hat sich eine Subtraktionstafel gebastelt. Links steht die Zahl, von der etwas abgezogen wird (der Minuend), oben steht die Zahl, die abgezogen werden soll (der Subtrahend). Das Ergebnis, die Differenz der beiden Zahlen, schreibt Michaela dorthin, wo sich die beiden Reihen treffen.

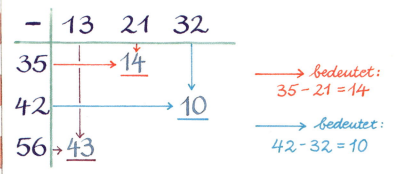

Vervollständige die folgenden beiden Tabellen.

−	2	17	29	38
55				
68				
71				
95				

−	0	13	24	38
38				
43				
48				
100				

Lösungen der Musteraufgaben

Aufgabe 1: a) Hier wird gefragt, wieviel man zu 19 dazuzählen muß, damit man 36 erhält. Man kann auch fragen: Wie groß ist die Differenz zwischen 36 und 19? Also lautet die Aufgabe: 36 − 19. Die gesuchte Differenz

Subtrahieren bis 100

ist 17. Wenn du willst, kannst du die Probe machen: 19 + 17 = 36.
b) Die Aufgabe lautet: 54 − 25. Ergebnis: 29.
c) Die Aufgabe lautet: 82 − 17. Ergebnis: 65.
d) 44 − 32 = 12   e) 15 − 6 = 9   f) 100 − 72 = 28
g) 54 − 17 = 37   h) 69 − 26 = 43   i) 76 − 19 = 57

Aufgabe 2:   a) 74 − 13 = 61. Im „Zweistufenmodell" sieht diese Rechnung so aus: 74 − 3 = 71, 71 − 10 = 61.
b)   19 −   7 = 12   c) 25 − 15 = 10   d) 38 −   6 = 32
e)   44 − 11 = 33   f) 86 − 32 = 54   g) 19 − 15 =   4
h) 100 − 100 = 0   i) 50 − 20 = 30   j) 75 − 45 = 30
k)   39 − 13 = 26   l) 26 − 25 =   1
m)   83 − 44 = 39 (im „Zweistufenmodell" 83 − 4 = 79, 79 − 40 = 39)
n)   47 − 17 = 30   o) 82 − 18 = 64

Aufgabe 3:   a) Es muß heißen: 78 − 35 > 33, da 78 − 35 = 43 und 43 > 33.
b) Es muß heißen: 20 − 19 > 0, da 20 − 19 = 1 und 1 > 0.
c) Es muß heißen: 95 − 76 < 20, da 95 − 76 = 19 und 19 < 20.
d) 58 − 38 > 10, denn 58 − 38 = 20 und 20 > 10.
e) 83 − 26 = 57   f) 33 − 22 = 11   g) 90 − 80 = 10
h) 97 − 88 < 10, denn 97 − 88 = 9 und 9 < 10.

Aufgabe 4:

Hier war ja 'ne ganze Menge falsch!

a) 57 − 26 = 31 ✓   d) 100 − 90 = 10 ✓
b) 42 − 28 = 1̶5̶4   e) 89 − 23 = 6̶5̶6
c) 29 − 13 = 16   f) 70 − 35 = 3̶2̶5

Subtrahieren bis 100

Aufgabe 5: Gibt man der Patent-Differenzmaschine die Zahl 69 ein, so führt sie folgende Rechnungen durch:

69 − 13 = 56
56 − 13 = 43
43 − 13 = 30
30 − 13 = 17
17 − 13 = 4
 4 − 13 geht nicht!

Also lautet die Ausgabe 4.

Bei Eingabe von 78 sieht die Rechnung so aus:

78 − 13 = 65
65 − 13 = 52
52 − 13 = 39
39 − 13 = 26
26 − 13 = 13
13 − 13 = 0
 0 − 13 geht nicht!

Ausgabe: 0

Bei Eingabe von 90 sieht die Rechnung so aus:

90 − 13 = 77
77 − 13 = 64
64 − 13 = 51
51 − 13 = 38
38 − 13 = 25
25 − 13 = 12
12 − 13 geht nicht!

Ausgabe: 12

Aufgabe 6: Die Tabellen sehen so aus:

−	2	17	29	38
55	53	38	26	17
68	66	51	39	30
71	69	54	42	33
95	93	78	66	57

−	0	13	24	38
38	38	25	14	0
43	43	30	19	5
48	48	35	24	10
100	100	87	76	62

Subtrahieren bis 100

 Beachte die Reihenfolge von Minuend und Subtrahend!

An Michaelas Tabellen kannst du zwei einfache Regeln erkennen:

 **Zieht man von einer Zahl 0 ab, so bleibt diese Zahl unverändert.
Zieht man eine Zahl von sich selbst ab, so ist das Ergebnis immer 0.**

Aufgaben zum selbständigen Lösen

Aufgabe 1: Wie lautet die entsprechende Subtraktionsaufgabe? Berechne:
a) 77 = 69 + ☐   b) 18 = 12 + ☐   c) 65 = 35 + ☐
d) 29 = 18 + ☐   e) 56 = 6 + ☐   f) 90 = 20 + ☐

Aufgabe 2: Berechne:
a) 78 − 37   b) 56 − 18   c) 90 − 23   d) 78 − 77
e) 100 − 92   f) 15 − 8   g) 34 − 19   h) 52 − 4
i) 95 − 78   j) 26 − 14   k) 28 − 24   l) 37 − 37
m) 63 − 32   n) 69 − 5   o) 49 − 27   p) 22 − 19

Aufgabe 3: Welche Zahl gehört in den Kasten?
a) 19 − ☐ = 12   b) 33 − 16 = ☐   c) 64 − 34 = ☐
d) ☐ − 10 = 90   e) 46 − 38 = ☐   f) 77 − ☐ = 70
g) 22 − ☐ = 11   h) 98 − 98 = ☐   i) 15 − ☐ = 0
j) 57 − 23 = ☐   k) 83 − ☐ = 50   l) 29 − 6 = ☐

56

Subtrahieren bis 100

Aufgabe 4: Fülle die beiden Tabellen aus. Links steht der Minuend (das ist die Zahl, von der abgezogen wird), rechts der Subtrahend (das ist die abzuziehende Zahl). Trage die Differenz von Minuend und Subtrahend ein.

−	0	12	25	50
50				
72				
84				
100				

−	67	73	85	88
88				
91				
95				
99				

Aufgabe 5: Welches Zeichen gehört in den Kasten? Zur Auswahl stehen das Größerzeichen (>), das Gleichheitszeichen (=) und das Kleinerzeichen (<).
a) 100 − 91 ☐ 12 b) 15 − 14 ☐ 0 c) 78 − 34 ☐ 44
d) 62 − 21 ☐ 51 e) 24 − 14 ☐ 10 f) 88 − 39 ☐ 59
g) 39 − 16 ☐ 23 h) 47 − 16 ☐ 21 i) 52 − 36 ☐ 12

Aufgabe 6: Hier siehst du Martins Hausaufgaben. Welche Aufgaben sind richtig, welche falsch? Gib die richtigen Ergebnisse an.

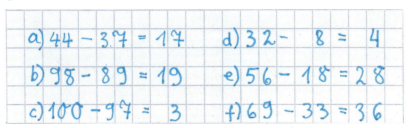

Multiplizieren

Letzte Woche hatte Philipp Geburtstag. Onkel Paul schenkte Philipp Bausteine. Es waren 6 Päckchen. In jedem Päckchen befanden sich 8 Steine. Wie viele Steine hat Philipp insgesamt bekommen? Um das herauszufinden, rechnet der Junge so:

$$8 + 8 + 8 + 8 + 8 + 8 = 48$$

Reichlich umständlich, nicht wahr?

Multiplizieren

Das ist schon etwas mühsam. Doch Katharina weiß Rat: „Du brauchst nur 6·8 zu rechnen", sagt sie. Denn 6·8 bedeutet nichts anderes, als die 8 sechsmal zu addieren:

Malnehmen nennt man in der Mathematik **multiplizieren**. Diese Grundrechenart nennt man **Multiplikation**. Hierfür hat man das Zeichen · gewählt. Die Zahlen, die multipliziert werden, heißen **Faktoren**, das Ergebnis wird **Produkt** genannt.

> **Die Multiplikation ist eine abgekürzte Schreibweise für die Addition.**

Die Ersparnis, die das Multiplizieren gegenüber dem Addieren mit sich bringt, wird umso größer, je größer die beteiligten Faktoren sind.

Multiplizieren

Alle Multiplikationen beruhen auf dem **kleinen Einmaleins**. Das kleine Einmaleins mußt du vorwärts und rückwärts können. Hier ist es:

Das kleine Einmaleins

1 · 1 = 1	1 · 2 = 2
2 · 1 = 2	2 · 2 = 4
3 · 1 = 3	3 · 2 = 6
4 · 1 = 4	4 · 2 = 8
5 · 1 = 5	5 · 2 = 10
6 · 1 = 6	6 · 2 = 12
7 · 1 = 7	7 · 2 = 14
8 · 1 = 8	8 · 2 = 16
9 · 1 = 9	9 · 2 = 18
10 · 1 = 10	10 · 2 = 20
1 · 3 = 3	1 · 4 = 4
2 · 3 = 6	2 · 4 = 8
3 · 3 = 9	3 · 4 = 12
4 · 3 = 12	4 · 4 = 16
5 · 3 = 15	5 · 4 = 20
6 · 3 = 18	6 · 4 = 24
7 · 3 = 21	7 · 4 = 28
8 · 3 = 24	8 · 4 = 32
9 · 3 = 27	9 · 4 = 36
10 · 3 = 30	10 · 4 = 40
1 · 5 = 5	1 · 6 = 6
2 · 5 = 10	2 · 6 = 12
3 · 5 = 15	3 · 6 = 18
4 · 5 = 20	4 · 6 = 24
5 · 5 = 25	5 · 6 = 30
6 · 5 = 30	6 · 6 = 36
7 · 5 = 35	7 · 6 = 42
8 · 5 = 40	8 · 6 = 48
9 · 5 = 45	9 · 6 = 54
10 · 5 = 50	10 · 6 = 60

Multiplizieren

1 · 7	=	7
2 · 7	=	14
3 · 7	=	21
4 · 7	=	28
5 · 7	=	35
6 · 7	=	42
7 · 7	=	49
8 · 7	=	56
9 · 7	=	63
10 · 7	=	70

1 · 8	=	8
2 · 8	=	16
3 · 8	=	24
4 · 8	=	32
5 · 8	=	40
6 · 8	=	48
7 · 8	=	56
8 · 8	=	64
9 · 8	=	72
10 · 8	=	80

1 · 9	=	9
2 · 9	=	18
3 · 9	=	27
4 · 9	=	36
5 · 9	=	45
6 · 9	=	54
7 · 9	=	63
8 · 9	=	72
9 · 9	=	81
10 · 9	=	90

1 · 10	=	10
2 · 10	=	20
3 · 10	=	30
4 · 10	=	40
5 · 10	=	50
6 · 10	=	60
7 · 10	=	70
8 · 10	=	80
9 · 10	=	90
10 · 10	=	100

Alles, was zum kleinen Einmaleins gehört, läßt sich auf die Addition zurückführen. Auf diese Weise kannst du auch alle Rechnungen nachprüfen. Was ist beispielsweise 5 · 4? Das bedeutet 4 + 4 + 4 + 4 + 4. Führst du diese Addition durch, so ist 20 das Ergebnis, genau wie es im kleinen Einmaleins steht. Zwei wichtige Eigenschaften der Multiplikation sind:

Bei der Multiplikation darfst du die Reihenfolge der Faktoren vertauschen.
Multipliziert man eine Zahl mit 1, so bleibt diese Zahl unverändert.

Multiplizieren

Beispiel: Es ist $4 \cdot 7 = 28$ und $7 \cdot 4 = 28$.
Die beiden folgenden Zeichnungen zeigen, daß dies so sein muß.

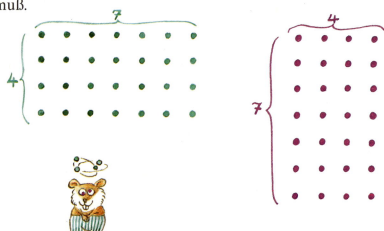

In beiden Fällen ergibt sich das gleiche Muster, nur die Anordnung ist unterschiedlich. Anders gesagt: Die Anzahl der Punkte ist bei beiden Mustern die gleiche.

Musteraufgaben

Aufgabe 1: Schreibe als Multiplikation, und berechne anschließend.
a) $2 + 2 + 2 + 2 + 2 + 2 + 2 + 2$
b) $7 + 7 + 7 + 7 + 7$
c) $10 + 10$
d) $6 + 6 + 6 + 6$
e) 9
f) $3 + 3 + 3 + 3 + 3 + 3 + 3 + 3 + 3 + 3$

Aufgabe 2: Rechne die Multiplikation aus, und schreibe sie als Addition.
a) $3 \cdot 7$ b) $7 \cdot 3$ c) $9 \cdot 4$ d) $2 \cdot 5$
e) $8 \cdot 10$ f) $1 \cdot 6$

Multiplizieren

Aufgabe 3: Stelle die folgenden Multiplikationen durch Punktmuster dar.
a) 3 · 5   b) 5 · 3   c) 7 · 1   d) 2 · 2
e) 3 · 3   f) 4 · 4   g) 2 · 8   h) 3 · 4

Aufgabe 4: Wie lauten die entsprechenden Multiplikationsaufgaben? Berechne die Produkte, und prüfe dein Ergebnis anhand der Zeichnungen.

Aufgabe 5: Berechne:
a) 7 · 3   b) 2 · 10   c) 5 · 5   d) 4 · 6
e) 7 · 2   f) 8 · 8   g) 1 · 9   h) 3 · 4
i) 6 · 5   j) 10 · 3   k) 2 · 6   l) 6 · 7

Aufgabe 6: Welche Zahl gehört in den Kasten?
a) 9 · 8 = ☐   b) ☐ · 10 = 20   c) 7 · 7 = ☐
d) 3 · ☐ = 12   e) 4 · 7 = ☐   f) 8 · 6 = ☐
g) 10 · 9 = ☐   h) 10 · ☐ = 100   i) 5 · 4 = ☐

Aufgabe 7: Professor Einfallsreich hat eine **Siebener-Reihen-Maschine** erfunden: Jede der Tasten steht für eine Zahl. Drückt man auf eine der Tasten, so erscheint oben in der Anzeige das Produkt aus gedrückter Zahl und der Zahl 7.

Multiplizieren

Beispiel: Drückst du die 3, so erscheint 21 in der Anzeige, denn 3 · 7 = 21. Welches Ergebnis zeigt die Maschine, wenn du a) 4 b) 9 c) 2 d) 10 e) 8 f) 5 g) 1 h) 6 drückst?

Welchen Knopf hast du gedrückt, wenn in der Anzeige i) 28 j) 35 k) 70 l) 7 m) 42 n) 14 o) 49 p) 56 q) 63 erscheint?

Aufgabe 8: Fülle die beiden Multiplikationstabellen aus.

·	2	3	5	7
5				
6				
1				
9				

·	1	4	8	10
5				
6				
7				
8				

Wie so eine Tabelle aufgebaut wird, kannst du unter „Addieren bis 100" nachlesen.

Aufgabe 9: Welches Zeichen gehört in den Kasten? Du hast die Auswahl zwischen dem Größerzeichen (>), dem Gleichheitszeichen (=) und dem Kleinerzeichen (<).

a) 6 · 9 ☐ 54   b) 2 · 7 ☐ 15   c) 3 · 5 ☐ 15
d) 8 · 10 ☐ 82   e) 2 · 2 ☐ 3   f) 4 · 3 ☐ 12
g) 5 · 1 ☐ 50   h) 7 · 8 ☐ 56   i) 2 · 10 ☐ 20

Multiplizieren

Lösungen der Musteraufgaben

Aufgabe 1: Um die entsprechende Multiplikation zu finden, mußt du abzählen, wie oft die betreffende Zahl addiert wird.
a) Hier tritt die 2 achtmal auf. Also muß es heißen 8 · 2. Ergebnis: 16.
b) Die 7 tritt fünfmal auf. Es heißt: 5 · 7. Ergebnis: 35.
c) Es heißt: 2 · 10 = 20.
d) Die 6 tritt viermal auf: 4 · 6 = 24.
f) Die 9 tritt nur ein einziges Mal auf. Also heißt es 1 · 9 = 9.
g) Die 3 tritt zehnmal auf. Es heißt: 10 · 3. Ergebnis: 30.

Aufgabe 2: a) 3 · 7 = 21. Die 7 muß dreimal addiert werden. Also heißt es: 7 + 7 + 7. Das ergibt auch 21.
b) 7 · 3 = 21 (beim Multiplizieren darf man die Faktoren vertauschen!). Die 3 muß siebenmal addiert werden: 3 + 3 + 3 + 3 + 3 + 3 + 3. Auch das ergibt 21.
c) 9 · 4 = 36. Addition:
4 + 4 + 4 + 4 + 4 + 4 + 4 + 4 + 4 = 36.
d) 2 · 5 = 10. Addition: 5 + 5 = 10.
e) 8 · 10 = 80. Addition:
10 + 10 + 10 + 10 + 10 + 10 + 10 + 10 = 80.
f) 1 · 6 = 6. Die zugehörige Addition ist gar keine richtige: 6.

Aufgabe 3: 3 · 5 und 5 · 3 ergeben das gleiche Muster,

nur die Anordnung ist unterschiedlich.

Multiplizieren

Zahlen, deren Punktmuster ein Quadrat ergibt (wie beispielsweise 2 · 2 = 4), heißen **Quadratzahlen**. Quadratzahlen entstehen immer dann, wenn man eine Zahl mit sich selbst malnimmt. Suche einmal alle Quadratzahlen zwischen 1 und 100.

Aufgabe 4: Um die Punktmuster in Rechnungen umsetzen zu können, mußt du die Punkte zählen. Zuerst zählst du alle Punkte, die in einer Spalte untereinanderstehen. Das ergibt den ersten Faktor. Dann zählst du alle Punkte, die nebeneinander in einer Zeile liegen. Das ergibt den zweiten Faktor.

a)

2 · 4 lautet die Aufgabe. Ergebnis: 8.

Multiplizieren

b) Es stehen 3 Punkte nebeneinander und 3 untereinander. Also lautet die Multiplikation: 3 · 3 = 9.
c) Die Aufgabe heißt 6 · 6 = 36.   d) 4 · 9 = 36

Aufgabe 5:
a) 7 · 3 = 21   b) 2 · 10 = 20   c) 5 · 5 = 25
d) 4 · 6 = 24   e) 7 · 2 = 14   f) 8 · 8 = 64
g) 1 · 9 = 9   h) 3 · 4 = 12   i) 6 · 5 = 30
j) 10 · 3 = 30   k) 2 · 6 = 12   l) 6 · 7 = 42

Aufgabe 6:   a) In den Kasten gehört die Zahl 72, denn 9 · 8 = 72.
b) In den Kasten gehört 2, denn 2 · 10 = 20.
c) 49, denn 7 · 7 = 49.   d) 4, denn 3 · 4 = 12.
e) 28, denn 4 · 7 = 28.   f) 48, denn 8 · 6 = 48.
g) 90, denn 10 · 9 = 90.   h) 10, denn 10 · 10 = 100.
i) 20, denn 5 · 4 = 20.

Aufgabe 7:   a) In der Anzeige erscheint 28, denn 4 · 7 = 28.   b) 63, denn 9 · 7 = 63.
c) 14, denn 2 · 7 = 14.   d) 70, denn 10 · 7 = 70.
e) 56, denn 8 · 7 = 56.   f) 35, denn 5 · 7 = 35.
g) 7, denn 1 · 7 = 7.   h) 42, denn 6 · 7 = 42.

i) Wenn in der Anzeige 28 erscheint, hast du die 4 gedrückt, denn 4 · 7 = 28.

Multiplizieren

j) 5, denn $5 \cdot 7 = 35$. k) 10, denn $10 \cdot 7 = 70$.
l) 1, denn $1 \cdot 7 = 7$. m) 6, denn $6 \cdot 7 = 42$.
n) 2, denn $2 \cdot 7 = 14$. o) 7, denn $7 \cdot 7 = 49$.
p) 8, denn $8 \cdot 7 = 56$. q) 9, denn $9 \cdot 7 = 63$.

Aufgabe 8: Die Multiplikationstabellen sehen so aus:

	2	3	5	7
5	10	15	25	35
6	12	18	30	42
1	2	3	5	7
9	18	27	45	63

	1	4	8	10
5	5	20	40	50
6	6	24	48	60
7	7	28	56	70
8	8	32	64	80

Aufgabe 9: a) Es muß heißen $6 \cdot 9 = 54$.
b) Es muß heißen $2 \cdot 7 < 15$, denn $2 \cdot 7 = 14$.
c) $3 \cdot 5 = 15$ d) $8 \cdot 10 < 82$, denn $8 \cdot 10 = 80$.
e) $2 \cdot 2 > 3$, denn $2 \cdot 2 = 4$.   f) $4 \cdot 3 = 12$
g) $5 \cdot 1 < 50$, denn $5 \cdot 1 = 5$.   h) $7 \cdot 8 = 56$
i) $2 \cdot 10 = 20$

Aufgaben zum selbständigen Lösen

Aufgabe 1: Berechne:
a) $9 \cdot 3$ b) $2 \cdot 1$ c) $3 \cdot 7$ d) $5 \cdot 5$
e) $4 \cdot 6$ f) $10 \cdot 2$ g) $4 \cdot 4$ h) $6 \cdot 8$
i) $2 \cdot 9$ j) $9 \cdot 5$ k) $10 \cdot 10$ l) $1 \cdot 5$
m) $7 \cdot 2$ n) $3 \cdot 8$ o) $2 \cdot 10$

Aufgabe 2: Fülle die Multiplikationstabelle aus.

·	3	2	6	7	1
9					
5					
7					
3					
1					

Multiplizieren

Aufgabe 3: Welche Zahl ergibt sich?

a) 2 · 4 · 5 · 1 =
b) 2 · 5 · 1 · 9 =

Aufgabe 4: In welcher Reihe (oder Reihen) treten die folgenden Zahlen auf? Nenne die zugehörige Multiplikationsaufgabe.

a) 21   b) 8   c) 19   d) 20   e) 100
f) 49   g) 12   h) 45   i) 6   j) 24

Aufgabe 5: Drei Schüler (Peter, Hans und Eva) aus der dritten Klasse vereinbaren mit drei Schülern (Claudia, Susanne und Stefan) aus der vierten Klasse einen Wettkampf im Mühlespiel. Jeder Schüler der einen Klasse soll gegen jeden Schüler der anderen Klasse eine Partie spielen. a) Wie viele Partien spielt jeder der Schüler? b) Wie viele Partien werden während des Wettkampfes ausgetragen? c) Wie viele Partien finden insgesamt statt, wenn Hin- und Rückrunde gespielt werden?

Aufgabe 6: Welche Zahl gehört in den Kasten?

a) 3 · 5 = ☐   b) 5 · ☐ = 15   c) 6 · 4 = ☐
d) ☐ · 9 = 63   e) 8 · 6 = ☐   f) ☐ · ☐ = 49
g) 1 · 10 = ☐   h) 2 · ☐ = 12   i) ☐ · 9 = 90

Aufgabe 7: Welches Zeichen gehört in den Kasten? Zur Auswahl stehen das Größerzeichen (>), das Gleichheitszeichen (=) und das Kleinerzeichen (<).

a) 8 · 8 ☐ 64   b) 2 · 3 · 4 ☐ 25   c) 4 · 7 ☐ 28
d) 5 · 8 ☐ 30   e) 1 · 9 · 9 ☐ 90   f) 6 · 4 ☐ 64

Dividieren

Katharina bereitet zusammen mit ihrer Mutter ein Kinderfest vor. Als Höhepunkt soll es eine Tombola geben, bei der ihre Gäste Süßigkeiten gewinnen können. Katharina hat insgesamt 72 leckere Sachen vor sich auf dem Tisch ausgebreitet: Bonbons, kleine Schokoladentäfelchen, Kaugummis, Kekse, Zuckerstangen, Weingummi, Lutscher. Damit es keinen Streit gibt, soll jeder Preis aus 8 Süßigkeiten bestehen. Wie viele Preise kann Katharina aussetzen?

Schreiben wir für die gesuchte Zahl ein Kästchen, so soll folgendes gelten:
$$72 = \square \cdot 8$$
In Worten heißt das: Mit welcher Zahl muß man 8 multiplizieren, um 72 zu erhalten? Wenn du die Achterreihe gut

Dividieren

beherrscht, wirst du die Antwort schnell finden. Sie lautet 9. Aufgaben dieser Art schreibt man als **Division** so auf:

$$72 : 8 = 9$$

Lies: 72 geteilt (oder **dividiert**) durch 8 ist 9. Die Zahl, die geteilt wird, heißt **Dividend**, die Zahl, durch die geteilt wird, heißt **Divisor**. Das Ergebnis einer Division wird **Quotient** genannt. Als Divisionszeichen hat man das : gewählt.

> **Bei der Division darf man Dividend und Divisor nicht miteinander vertauschen.**

Ähnlich wie die Subtraktion, ist auch die Division **nicht immer durchführbar**. Hätte Katharina 74 Süßigkeiten eingekauft, so hätte sie ebenfalls 9 Preise mit jeweils 8 süßen Sachen aussetzen können. Aber es wären dann 2 Leckereien übriggeblieben.

> **Eine Zahl ist durch eine andere Zahl teilbar, wenn die erste Zahl in der zur zweiten Zahl gehörenden Reihe vorkommt.**

Beispiel: 18 ist durch 2 teilbar, denn 18 kommt in der Zweierreihe vor. 18 ist auch durch 3, durch 6 und durch 9 teilbar, denn 18 kommt auch in der Dreier-, in der Sechser- und in der Neunerreihe vor.

Dividieren

Anstatt zu fragen: „Welche Zahl muß man mit 8 multiplizieren, um 72 zu erhalten?", sagt man oft auch: „Wie oft paßt 8 in 72 hinein?" Die letzte Frage kann man sich mit Hilfe von Steinchen verdeutlichen: Von 72 Steinchen nimmt man nacheinander je 8 Steinchen weg.

Bleibt kein Steinchen übrig, so ist die Division ausführbar. Der Dividend ist durch den Divisor teilbar. Andernfalls ist die Division nicht ausführbar.

Du siehst: Die Division ist so etwas wie eine mehrfach durchgeführte Subtraktion.

> **Durch 1 ist jede Zahl teilbar. Das Ergebnis ist die Zahl selbst.**

Bei der Division durch 1 nimmst du immer nur 1 Steinchen weg. Das kannst du so oft machen, bis keines mehr übrig bleibt.

Dividieren

Musteraufgaben

Aufgabe 1: Schreibe als Division, und berechne.
a) $8 = \square \cdot 2$ b) $6 = \square \cdot 3$ c) $15 = \square \cdot 5$
d) $18 = \square \cdot 6$ e) $20 = \square \cdot 10$ f) $24 = \square \cdot 6$
g) $32 = \square \cdot 8$ h) $35 = \square \cdot 7$ i) $40 = \square \cdot 4$
j) $100 = \square \cdot 10$ k) $54 = \square \cdot 9$ l) $54 = \square \cdot 6$

Aufgabe 2: Durch welche Zahlen ist a) 8 b) 12 c) 17 d) 20 e) 35 teilbar? Schreibe die entsprechenden Divisionsaufgaben auf, und gib deren Ergebnis an.

Aufgabe 3: Berechne:
a) 9 : 3 b) 8 : 2 c) 8 : 4 d) 10 : 5
e) 20 : 4 f) 24 : 4 g) 35 : 7 h) 48 : 6
i) 49 : 7 j) 50 : 10 k) 54 : 9 l) 56 : 8
m) 63 : 9 n) 64 : 8 o) 72 : 9

Aufgabe 4:

a) Wie oft paßt 🌰 in 🌰🌰🌰🌰🌰🌰🌰🌰🌰🌰🌰🌰 ?

b) Wie oft paßt ○○○○ in ○○○○○○○○○○○○ ?

c) Wie oft paßt 🌰🌰🌰 in 🌰🌰🌰🌰🌰🌰🌰🌰🌰🌰🌰🌰 ?

Schreib jedesmal die entsprechende Rechnung auf.

Dividieren

Aufgabe 5: a) Die Klasse 3b hat 32 Schüler. Der Turnlehrer will Mannschaften mit je 8 Kindern bilden. Wie viele Mannschaften ergeben sich?
b) Die Klasse 2a hat 36 Schüler. Ihr Klassenlehrer will Vierergruppen bilden. Wie viele Gruppen ergibt das?

Aufgabe 6: Welche Zahl gehört in den Kasten?
a) $12 : 3 = \Box$ b) $12 : 6 = \Box$ c) $10 : \Box = 2$
d) $20 : 4 = \Box$ e) $18 : \Box = 2$ f) $20 : 5 = \Box$

Lösungen der Musteraufgaben

Aufgabe 1: a) Gefragt ist: „Mit welcher Zahl muß man 2 multiplizieren, um 8 zu erhalten?" oder gleichbedeutend: „Wie oft paßt 2 in 8?"

Wie oft paßt 🌰🌰 in 🌰🌰🌰🌰🌰🌰🌰🌰?

Die Rechnung sieht so aus: $8 : 2 = 4$.

Dividieren

b) $6 : 3 = 2$
c) $15 : 5 = 3$
d) $18 : 6 = 3$
e) $20 : 10 = 2$
f) $24 : 6 = 4$
g) $32 : 8 = 4$
h) $35 : 7 = 5$
i) $40 : 4 = 10$
j) $100 : 10 = 10$
k) $54 : 9 = 6$
l) $54 : 6 = 9$

Aufgabe 2: a) 8 ist teilbar durch 1 (das ist jede Zahl), durch 2, durch 4 und durch 8. Die zugehörigen Rechnungen lauten: $8 : 1 = 8$, $8 : 2 = 4$, $8 : 4 = 2$, $8 : 8 = 1$.
b) 12 ist durch folgende Zahlen teilbar: 1, 2, 3, 4, 6, 12. Rechnungen: $12 : 1 = 12$, $12 : 2 = 6$, $12 : 3 = 4$, $12 : 4 = 3$, $12 : 6 = 2$, $12 : 12 = 1$.
c) 17 ist nur durch 1 und durch 17 teilbar: $17 : 1 = 17$, $17 : 17 = 1$.
d) 20 ist durch 1, 2, 4, 5, 10 und 20 teilbar. Es gilt: $20 : 1 = 20$, $20 : 2 = 10$, $20 : 4 = 5$, $20 : 5 = 4$, $20 : 10 = 2$, $20 : 20 = 1$.
e) 35 ist durch 1, 5, 7 und 35 teilbar. Es gilt: $35 : 1 = 35$, $35 : 5 = 7$, $35 : 7 = 5$, $35 : 35 = 1$.

> **Jede Zahl ist durch sich selbst teilbar. Das Ergebnis ist stets 1.**

Eine Zahl *durch sich selbst* teilen bedeutet, alle Nüsse auf einmal einsacken!

Aufgabe 3:
a) $9 : 3 = 3$
b) $8 : 2 = 4$
c) $8 : 4 = 2$
d) $10 : 5 = 2$
e) $20 : 4 = 5$
f) $24 : 4 = 6$
g) $35 : 7 = 5$
h) $48 : 6 = 8$
i) $49 : 7 = 7$

Dividieren

j) $50 : 10 = 5$ k) $54 : 9 = 6$ l) $56 : 8 = 7$
m) $63 : 9 = 7$ n) $64 : 8 = 8$ o) $72 : 9 = 8$

Aufgabe 4: a) 3 paßt viermal in 12, denn $12 : 3 = 4$.
b) 4 paßt zweimal in 8, denn $8 : 4 = 2$.
c) 3 paßt fünfmal in 15, denn $15 : 3 = 5$.

Aufgabe 5: a) Es gibt 4 Mannschaften, denn $32 : 8 = 4$.

b) Es ergeben sich 9 Gruppen, denn $36 : 4 = 9$.

Aufgabe 6: a) In den Kasten gehört 4, denn $12 : 3 = 4$.
b) 2, denn $12 : 6 = 2$.   c) 5, denn $10 : 5 = 2$.
d) 5, denn $20 : 4 = 5$.   e) 9, denn $18 : 9 = 2$.
f) 4, denn $20 : 5 = 4$.

Aufgaben zum selbständigen Lösen

Aufgabe 1: Berechne:
a) $72 : 9$ b) $4 : 2$ c) $10 : 1$ d) $9 : 3$
e) $24 : 6$ f) $28 : 7$ g) $30 : 10$ h) $40 : 4$
i) $54 : 9$ j) $8 : 2$ k) $49 : 7$ l) $16 : 4$

Dividieren

m) 24 : 8   n) 100 : 1   o) 20 : 2   p) 25 : 5
q) 32 : 4   r) 63 : 9   s) 90 : 9   t) 12 : 6

Aufgabe 2: Welche Zahl gehört in den Kasten?
a) 18 : 9 = ☐   b) 21 : ☐ = 3   c) ☐ : 10 = 10
d) 8 : ☐ = 4   e) 35 : 5 = ☐   f) 50 : 10 = ☐
g) 36 : 4 = ☐   h) ☐ : 4 = 4   i) 32 : ☐ = 8

Aufgabe 3:

Wie viele dreiblättrige Kleeblätter kannst du jeweils aus a) und b) zusammensetzen?

Wie viele vierblättrige Kleeblätter kannst du jeweils aus c) und d) zusammensetzen?

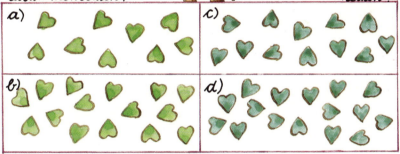

Aufgabe 4: Eine Torte besteht aus 20 Stücken. Wie viele Portionen ergibt die Torte, wenn eine Portion 4 Stücke enthalten soll? Und wie viele Portionen bekommt man, wenn eine Portion aus 5 Stücken bestehen soll?

Aufgabe 5: Kennst du eine Zahl, die sowohl durch 2, 3, 4 als auch durch 6 teilbar ist? Kennst du eine Zahl, die sowohl durch 2, 4, 5 als auch durch 10 teilbar ist?

Aufgabe 6: Welches Zeichen gehört in den Kasten? Zur Auswahl stehen das Größerzeichen (>), das Gleichheitszeichen (=) und das Kleinerzeichen (<).
a) 64 : 8 ☐ 10   b) 45 : 9 ☐ 5   c) 18 : 9 ☐ 2
d) 6 : 2 ☐ 1   e) 32 : 4 ☐ 8   f) 20 : 10 ☐ 4

Vermischte Aufgaben

Wenn du dieses Buch bis hierhin genau gelesen und die Aufgaben sorgfältig bearbeitet hast, werden dir diese Aufgaben keine Schwierigkeiten bereiten. Solltest du dennoch Probleme haben, so liest du einfach nochmal den entsprechenden Abschnitt nach.

Aufgabe 1: Berechne:
a) $7 \cdot 9$
b) $39 - 17$
c) $28 : 7$
d) $18 + 56$
e) $12 - 11$
f) $10 \cdot 3$
g) $81 : 9$
h) $3 \cdot 5$
i) $47 + 53$
j) $42 : 7$
k) $29 - 29$
l) $6 \cdot 8$
m) $90 : 9$
n) $40 : 5$
o) $46 - 26$
p) $9 \cdot 1$
r) $10 : 10$
s) $100 : 10$
t) $10 + 10$
u) $10 - 10$
v) $72 + 19$
w) $49 : 7$

Aufgabe 2: Welches Zeichen gehört in den Kasten? Zur Auswahl stehen das Pluszeichen für die Addition (+), das Minuszeichen für die Subtraktion (−), der Malpunkt für die Multiplikation (·) und der Doppelpunkt für die Division (:).
a) $4 \square 6 = 24$
b) $25 \square 15 = 10$
c) $50 \square 25 = 75$
d) $60 \square 6 = 10$
e) $70 \square 29 = 99$
f) $10 \square 10 = 100$
g) $32 \square 8 = 4$
h) $8 \square 4 = 32$
i) $30 \square 6 = 36$
j) $30 \square 6 = 5$
k) $30 \square 6 = 24$
l) $28 \square 71 = 99$
m) $3 \square 4 = 12$
n) $3 \square 3 = 0$
o) $3 \square 3 = 1$
p) $45 \square 7 = 38$
q) $64 \square 8 = 8$
r) $69 \square 11 = 80$

Aufgabe 3: Bei welchen Rechenarten darf man die Reihenfolge der Zahlen, mit denen man rechnet, vertauschen? Erläutere die Rolle der 0 bei der Addition und der Subtraktion sowie die Rolle der 1 bei der Multiplikation und der Division.

Vermischte Aufgaben

Aufgabe 4: Ganz kurz kann man die Addition so beschreiben:

> **Summand plus Summand gleich Summe.**

Gib ähnliche Beschreibungen für die Subtraktion, die Multiplikation und die Division.

Aufgabe 5: Überprüfe, welche der folgenden Aufgaben richtig und welche falsch gerechnet sind. Gib, soweit das erforderlich ist, das richtige Ergebnis an.
a) $36 : 9 = 4$ b) $5 \cdot 6 = 30$ c) $17 + 52 = 69$
d) $9 \cdot 7 = 62$ e) $35 : 7 = 6$ f) $98 - 72 = 16$
g) $64 : 8 = 8$ h) $4 \cdot 7 = 35$ i) $29 + 71 = 100$
j) $19 - 16 = 3$ k) $48 : 6 = 9$ l) $56 - 17 = 29$

Aufgabe 6: Fülle die folgenden Tabellen aus. Das Zeichen in der linken oberen Ecke sagt dir, welche Rechenart gemeint ist. Falls die Rechnung nicht ausführbar ist, trage ein Kreuzchen an die entsprechende Stelle der Tabelle ein.

·	3	7	8	1	6
2					
6					
9					
10					
1					

−	35	60	27	72	9
95					
67					
52					
48					
35					

+	55	0	12	36	1
15					
26					
39					
41					
45					

:	1	4	5	6	10
20					
15					
16					
33					
36					

Vermischte Aufgaben

Aufgabe 7: Welche Zahl gehört in den Kasten?
a) 18 + ☐ = 25   b) 18 : 2 = ☐   c) 38 + ☐ = 55
d) 42 − 24 = ☐   e) ☐ · 9 = 72   f) ☐ · ☐ = 25
g) 38 : ☐ = 1   h) ☐ : 2 = 7   i) ☐ + 82 = 100
j) 54 : 6 = ☐   k) ☐ · 5 = 30   l) 90 − ☐ = 36

Aufgabe 8: Welches Zeichen gehört in den Kasten? Zur Auswahl stehen das Größerzeichen (>), das Gleichheitszeichen (=) und das Kleinerzeichen (<).
a) 7 + 18 ☐ 35   b) 9 : 3 ☐ 3   c) 93 − 27 ☐ 65
d) 35 : 5 ☐ 7   e) 6 · 8 ☐ 42   f) 77 + 12 ☐ 99
g) 4 · 9 ☐ 36   h) 100 : 10 ☐ 10 i) 100 − 10 ☐ 89

Aufgabe 9: Wann ist eine Subtraktion durchführbar? Wann ist eine Division durchführbar?

Aufgabe 10: Berechne, soweit die Aufgaben durchführbar sind. Schreibe sonst „nicht durchführbar".
a) 18 − 19   b) 18 : 18   c) 18 − 18
d) 9 · 8   e) 9 : 8   f) 92 − 96
g) 64 : 8   h) 18 : 6   i) 18 : 5
j) 20 : 7   k) 49 − 53   l) 49 : 7

Aufgabe 11: Schreibe die Fünferreihe von hinten beginnend auf. Verfahre ebenso für die Achter-, die Siebener- und die Sechserreihe.

Vermischte Aufgaben

Aufgabe 12: Berechne:
a) $53 + 18$ b) $3 \cdot 8$ c) $2 \cdot 3 \cdot 4$
d) $40 : 5$ e) $62 - 37$ f) $8 + 13 + 27$
g) $50 + 40 + 10$ h) $24 : 6$ i) $4 \cdot 8$
j) $17 - 9$ k) $90 : 10$ l) $90 : 9$
m) $90 - 9$ n) $90 + 9$ o) $2 \cdot 4 \cdot 7$
p) $72 : 8$ q) $35 : 7$ r) $84 - 38$

Lösungen

Das Vergleichen von Zahlen

Aufgabe 1: ⑩ > ⑧ > ⑦ > ⑥ > ④

Aufgabe 2: 6 < 7 < 9 < 12 < 16

Aufgabe 3: a) 12 < 13   b) 21 > 7   c) 3 < 9
d) 8 = 8   e) 16 < 19   f) 0 = 0
g) 7 < 9 < 13   h) 2 = 2 < 8   i) 17 > 13 > 2

Aufgabe 4:
a) 5 > 1 ist wahr.   b) 3 > 5 ist falsch.
c) 4 = 6 ist falsch.   d) 6 = 6 ist wahr.
e) 18 < 20 ist wahr.   f) 5 < 15 ist wahr.
g) 21 > 12 ist wahr.   h) 15 ≠ 15 ist falsch.
i) 12 > 12 ist falsch.

Aufgabe 5:
a) 5 > 4 > 3   b) 7 > 6 > 1   c) 20 > 18 > 15
d) 21 > 15 > 12   e) 18 > 12 > 3   f) 18 > 12 > 3
g) 12 > 11 > 7 > 0 h) 17 > 12 > 4 > 2 i) 19 > 18 > 13 > 5

Aufgabe 6:
a) 1 < 5 < 18   b) 3 < 6 < 20   c) 4 < 7 < 15
d) 3 < 18 < 21   e) 12 < 18 < 21   f) 4 < 11 < 16
g) 0 < 5 < 12 < 17   h) 1 < 7 < 12 < 13   i) 2 < 9 < 11 < 19

Quiz: a) Die Zahlen größer als 9 sind: 10, 11, 12, 13, … Die kleinste unter diesen Zahlen ist die 10. Also ist 10 die kleinste Zahl größer als 9.
b) Die Zahlen kleiner als 20 sind: 19, 18, 17, 16, …. Diese Reihe endet für uns bei 0. Die größte unter diesen Zahlen ist die 19. Also ist 19 die größte Zahl kleiner als 20.
c) Die kleinste Zahl ist die 0. Würde man aber auch negative Zahlen zulassen, so gäbe es keine kleinste Zahl. Aber davon ist hier nicht die Rede.

Lösungen

d) Eine größte Zahl gibt es nicht, denn du kannst ja immer weiterzählen.

e) Die Zahlen kleiner als 10 sind: 9, 8, 7, ... Die kleinste dieser Zahlen ist für uns die 0. In c) hast du gelernt, daß die 0 die kleinste Zahl überhaupt ist.

f) Die Zahlen kleiner als 13 und größer als 8 lauten: 12, 11, 10, 9. Darunter ist 12 die größte Zahl.

Addieren bis 20

Aufgabe 1:
a) $3 + 6 = 9$
b) $2 + 9 = 11$
c) $3 + 5 + 2 = 10$
d) $4 + 1 + 6 = 11$
e) $5 + 3 + 2 + 4 = 14$

Aufgabe 2:
a) $2 + 7 = 9$
b) $1 + 3 + 8 = 12$
c) $4 + 1 + 4 = 9$

Aufgabe 3:
a) $12 + 5 = 17$
b) $7 + 9 = 16$
c) $2 + 10 = 12$
d) $9 + 7 = 16$
e) $1 + 1 = 2$
f) $3 + 2 = 5$
g) $11 + 9 = 20$
h) $6 + 7 = 13$
i) $5 + 15 = 20$
j) $14 + 4 = 18$
k) $13 + 1 = 14$
l) $2 + 17 = 19$

Aufgabe 4:
a) $2 + 3 + 5 = 10$
b) $10 + 1 + 3 = 14$
c) $2 + 7 + 1 = 10$
d) $4 + 6 + 8 = 18$
e) $6 + 6 + 6 = 18$
f) $4 + 10 + 2 = 16$
g) $5 + 4 + 11 = 20$
h) $10 + 9 + 1 = 20$
i) $5 + 5 + 10 = 20$

Aufgabe 5: Die Aufgaben an der Tafel müssen so aussehen:

a) $8 + 6 = 14$
b) $7 + 3 = 10$
c) $2 + 2 + 2 = 6$
d) $9 + 7 = 16$
e) $2 + 11 = 13$
f) $10 + 8 = 18$

Lösungen

Aufgabe 6:
a) $3 + 4 + 5 + 6 = 7 + 5 + 6 = 12 + 6 = 18$
b) $2 + 3 + 7 + 1 = 13$ c) $10 + 1 + 1 + 1 + 2 = 15$
d) $12 + 6 + 1 + 1 = 20$ e) $2 + 7 + 7 + 2 + 1 = 19$
f) $6 + 6 + 4 + 2 = 18$

Aufgabe 7: Der Fehler steht in der Diagonale von links unten nach rechts oben, denn $1 + 4 + 7 = 12$ und nicht (wie es sein sollte) 15. Das ist allerdings auch der einzige Fehler, den Rainers Zauberquadrat enthält.

Addieren bis 100

Aufgabe 1:
a) 48   b) 98   c) 74   d) 77   e) 89
f) 23   g) 95   h) 78   i) 69   j) 87
k) 100 l) 47   m) 54   n) 54   o) 96

Aufgabe 2:
a) 59   b) 100 c) 56   d) 65   e) 95
f) 99   g) 90   h) 75   i) 89   j) 92
k) 79

Aufgabe 3:
a) $18 + 35 > 50$, denn $18 + 35 = 53$.
b) $7 + 77 = 84$ c) $44 + 43 = 87$
d) $71 + 12 < 84$, denn $71 + 12 = 83$.   e) $15 + 55 = 70$
f) $22 + 74 > 95$, denn $22 + 74 = 96$.   g) $80 + 18 = 98$
h) $33 + 24 < 58$, denn $33 + 24 = 57$.   i) $44 + 49 = 93$

Aufgabe 4:
von Münchhausen nach Schilda
1) nur über A-Dorf: $25 + 45 = 70$
2) über A-Dorf und D-Dorf: $25 + 32 + 20 = 77$
3) über B-Dorf und D-Dorf: $20 + 25 + 20 = 65$
4) über C-Dorf: $30 + 40 = 70$
3) ist der kürzeste Weg, 2) der längste.

Lösungen

Aufgabe 5:
a) 55, denn 18 + 37 = 55. b) 7, denn 29 + 7 = 36.
c) 74, denn 47 + 27 = 74. d) 6, denn 2 + 19 + 6 = 27.
e) 99, denn 78 + 21 = 99. f) 1, denn 1 + 79 = 80.
g) 11, denn 11 + 9 = 20.   h) 51, denn 39 + 12 = 51.
i) 23, denn 17 + 23 = 40.

Aufgabe 6: Die Tabellen sehen so aus:

+	16	28	36	9
23	39	51	59	32
31	47	59	67	40
42	58	70	78	51
17	33	45	53	26

+	7	13	25	46
54	61	67	79	100
49	56	62	74	95
32	39	45	57	78
3	10	16	28	49

Subtrahieren bis 20

Aufgabe 1:
a) 12 − 9 = 3
b) 12 − 4 − 3 = 8 − 3 = 5   c) 12 − 9 − 2 = 3 − 2 = 1

Aufgabe 2: Die Ergebnisse lauten:
a) 2   b) 7   c) 0   d) 12   e) 10   f) 7
g) 3   h) 0   i) 12 j) 4   k) 5   l) 5
m) 5   n) 7   o) 1   p) 1

Aufgabe 3:
a) 11, denn 18 − 7 = 11.   b) 6, denn 12 − 6 = 6.
c) 5, denn 10 − 5 = 5.   d) 0, denn 5 − 5 = 0.
e) 7, denn 7 − 7 = 0.   f) 10, denn 10 − 8 = 2.
g) 2, denn 15 − 13 = 2.   h) 3, denn 20 − 17 = 3.
i) 7, denn 11 − 7 = 4.   j) 9, denn 13 − 9 = 4.
k) 15, denn 19 − 4 = 15.   l) 8, denn 15 − 7 = 8.

Aufgabe 4:
a) 8 − 5 = 3   b) 12 − 8 < 5, denn 12 − 8 = 4.

Lösungen

c) $15 - 9 > 2$, denn $15 - 9 = 6$.
d) $20 - 20 < 2$, denn $20 - 20 = 0$.
e) $9 - 9 = 0$ f) $13 - 8 = 5$ g) $17 - 14 = 3$
h) $18 - 17 = 1$ i) $6 - 4 < 3$, denn $6 - 4 = 2$.

Aufgabe 5:
a) $15 - 6 = 9$ b) $16 - 8 = 8$ c) $20 - 12 = 8$
d) $20 - 1 - 4 - 2 = 19 - 4 - 2 = 15 - 2 = 13$

Aufgabe 6: Hier die Ergebnisse:
a) 8
b) 2 (denn $16 - 4 - 8 - 2 = 12 - 8 - 2 = 4 - 2 = 2$)

Subtrahieren bis 100

Aufgabe 1:
a) $77 - 69 = 8$ b) $18 - 12 = 6$ c) $65 - 35 = 30$
d) $29 - 18 = 11$ e) $56 - 6 = 50$ f) $90 - 20 = 70$

Aufgabe 2:
a) $78 - 37 = 41$ b) $56 - 18 = 38$ c) $90 - 23 = 67$
d) $78 - 77 = 1$ e) $100 - 92 = 8$ f) $15 - 8 = 7$
g) $34 - 19 = 15$ h) $52 - 4 = 48$ i) $95 - 78 = 17$
j) $26 - 14 = 12$ k) $28 - 24 = 4$ l) $37 - 37 = 0$
m) $63 - 32 = 31$ n) $69 - 5 = 64$ o) $49 - 27 = 22$
p) $22 - 19 = 3$

Aufgabe 3:
a) 7   b) 17   c) 30   d) 100   e) 8   f) 7
g) 11   h) 0   i) 15   j) 34   k) 33   l) 23

Aufgabe 4:

−	0	12	25	50
50	50	38	25	0
72	72	60	47	22
84	84	72	59	34
100	100	88	75	50

−	67	73	85	88
88	21	15	3	0
91	24	18	6	3
95	28	22	10	7
99	32	26	14	11

Lösungen

Aufgabe 5:
a) 100 − 91 < 12, denn 100 − 91 = 9.
b) 15 − 14 > 0, denn 15 − 14 = 1.   c) 78 − 34 = 44
d) 62 − 21 < 51, denn 62 − 21 = 41.   e) 24 − 14 = 10
f) 88 − 39 < 59, denn 88 − 39 = 49.   g) 39 − 16 = 23
h) 47 − 16 > 21, denn 47 − 16 = 31.
i) 52 − 36 > 12, denn 52 − 36 = 16.

Aufgabe 6:
a) ist falsch. Das richtige Ergebnis lautet: 7.
b) ist falsch. Das richtige Ergebnis lautet: 9.
c) ist richtig.
d) ist falsch. Das richtige Ergebnis lautet: 24.
e) ist falsch. Das richtige Ergebnis lautet: 38.
f) ist richtig.

Multiplizieren

Aufgabe 1:
a) 27   b) 2   c) 21   d) 25   e) 24   f) 20
g) 16   h) 48   i) 18   j) 45   k) 100 l) 5
m) 14   n) 24   o) 20

Aufgabe 2:

·	3	2	6	7	1
9	27	18	54	63	9
5	15	10	30	35	5
7	21	14	42	49	7
3	9	6	18	21	3
1	3	2	6	7	1

Aufgabe 3:

a) $\quad 2 \cdot 4 \cdot 5 \cdot 1$ $\qquad$ b) $\quad 2 \cdot 5 \cdot 1 \cdot 9$
$\quad = \quad 8 \cdot 5 \cdot 1 \qquad\qquad = 10 \cdot 1 \cdot 9$
$\quad = \quad\;\; 40 \cdot 1 \qquad\qquad\;\; = \quad 10 \cdot 9$
$\quad = \quad\quad\;\; 40 \qquad\qquad\;\;\; = \quad\quad 90$

Lösungen

Aufgabe 4:

a) 21 kommt in der Dreier- und in der Siebenerreihe vor. Es ist $7 \cdot 3 = 21$ und $3 \cdot 7 = 21$.

b) 8 kommt in der Zweier- und in der Viererreihe vor. Es ist $2 \cdot 4 = 8$ und $4 \cdot 2 = 8$. Außerdem tritt 8 auch in der Achterreihe auf: $1 \cdot 8 = 8$.

c) 19 kommt in keiner der uns bis jetzt bekannten Reihen vor (19 tritt allerdings in der Neunzehnerreihe auf, da $1 \cdot 19 = 19$ ist).

d) 20 kommt in den folgenden vier Reihen vor: Zweierreihe, Viererreihe, Fünferreihe und Zehnerreihe. Die entsprechenden Rechnungen lauten so: $10 \cdot 2 = 20$, $5 \cdot 4 = 20$, $4 \cdot 5 = 20$ und $2 \cdot 10 = 20$.

e) 100 kommt nur in der Zehnerreihe vor. Es ist $10 \cdot 10 = 100$.

f) 49 kommt nur in der Siebenerreihe vor. Es ist $7 \cdot 7 = 49$.

g) 12 tritt in den folgenden vier Reihen auf: Zweierreihe, Dreierreihe, Viererreihe und Sechserreihe. Die zugehörigen Rechnungen sind: $6 \cdot 2 = 12$, $4 \cdot 3 = 12$, $3 \cdot 4 = 12$ und $2 \cdot 6 = 12$.

h) 45 gehört in die Fünfer- und in die Neunerreihe: $9 \cdot 5 = 45$ und $5 \cdot 9 = 45$.

i) 6 tritt in der Zweier- und in der Dreierreihe auf: $3 \cdot 2 = 6$ und $2 \cdot 3 = 6$. Außerdem gehört 6 natürlich zur Sechserreihe, denn $1 \cdot 6 = 6$.

j) 24 kommt in den folgenden vier Reihen vor: Dreierreihe, Viererreihe, Sechserreihe und Achterreihe. Die entsprechenden Rechnungen lauten: $8 \cdot 3 = 24$, $6 \cdot 4 = 24$, $4 \cdot 6 = 24$ und $3 \cdot 8 = 24$.

Aufgabe 5: Nehmen wir als Beispiel Peter. Peter muß gegen Claudia, Susanne und Stefan spielen. Also spielt Peter 3 Partien. Dasselbe gilt für alle anderen Kinder. Jedes der 3 Kin-

Lösungen

der spielt 3 Partien. Zusammen macht das

$$3 + 3 + 3 = 9$$

Partien. Dafür kannst du auch kurz

$$3 \cdot 3 = 9$$

schreiben. Wird mit Hin- und Rückrunde gespielt, so muß Peter 2 Partien gegen Claudia, 2 Partien gegen Susanne und 2 Partien gegen Stefan spielen. Das macht für Peter insgesamt

$$2 + 2 + 2 = 6$$

oder

$$3 \cdot 2 = 6$$

Partien. Dasselbe gilt für alle anderen Kinder. Jedes der Kinder spielt jetzt 6 Partien. Zusammen ergibt das

$$6 + 6 + 6 = 18$$

oder

$$3 \cdot 6 = 18$$

Partien, wenn Hin- und Rückrunde gespielt werden. Das sind genau doppelt so viele Begegnungen wie bei nur einer Runde, denn es ist:

$$2 \cdot 9 = 18.$$

Aufgabe 6: a) 15   b) 3   c) 24   d) 7   e) 48
f) zweimal die 7, denn $7 \cdot 7 = 49$. Die 49 tritt ansonsten in keiner der von uns betrachteten Reihen auf. Also gibt es auch keine anderen Zahlen, deren Produkt gleich 49 wäre.
g) 10   h) 6   i) 10

89

Lösungen

Aufgabe 7: a) $8 \cdot 8 = 64$
b) $2 \cdot 3 \cdot 4 < 25$, denn $2 \cdot 3 \cdot 4 = 6 \cdot 4 = 24$. c) $4 \cdot 7 = 28$
d) $5 \cdot 8 > 30$, denn $5 \cdot 8 = 40$. e) $1 \cdot 9 \cdot 9 < 90$, denn $9 \cdot 9 = 81$.
f) $6 \cdot 4 < 64$, denn $6 \cdot 4 = 24$.

Dividieren

Aufgabe 1:
a) 8   b) 2   c) 10   d) 3   e) 4   f) 4
g) 3   h) 10   i) 6   j) 4   k) 7   l) 4
m) 3   n) 100 o) 10   p) 5   q) 8   r) 7
s) 10 t) 2

Aufgabe 2:
a) 2   b) 7   c) 100 d) 2   e) 7   f) 5
g) 9   h) 16   i) 4

Aufgabe 3:

a) Du kannst 3 dreiblättrige Kleeblätter zusammensetzen, denn $9 : 3 = 3$.

b) Du kannst 5 dreiblättrige Kleeblätter zusammensetzen, denn $15 : 3 = 5$.

c) Du kannst 3 vierblättrige Kleeblätter zusammensetzen, denn $12 : 4 = 3$.

d) Du kannst 4 vierblättrige Kleeblätter zusammensetzen, denn $16 : 4 = 4$.

Aufgabe 4: Man bekommt 5 Portionen zu je 4 Stücken, denn $20 : 4 = 5$. Soll eine Portion 5 Stücke enthalten, so bekommt

Lösungen

man bloß 4 Portionen, denn 20 : 5 = 4.

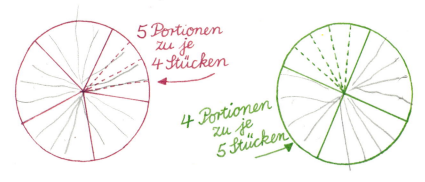

Aufgabe 5: Die Zahl 12 ist durch 2, 3, 4 und 6 teilbar. Durch 2, 4, 5 und 10 teilbar ist die Zahl 20. Es gibt aber in beiden Fällen noch viele andere Lösungen, nur sind diese Zahlen größer als die angegebenen.

Aufgabe 6:
a) 64 : 8 < 10, denn 64 : 8 = 8.   b) 45 : 9 = 5
c) 18 : 9 = 2   d) 6 : 2 > 1, denn 6 : 2 = 3.   e) 32 : 4 = 8
f) 20 : 10 < 4, denn 20 : 10 = 2.

Vermischte Aufgaben

Aufgabe 1:
a) 63   b) 22   c) 4   d) 74   e) 1   f) 30
g) 9   h) 15   i) 100   j) 6   k) 0   l) 48
m) 10   n) 8   o) 20   p) 9   r) 1   s) 10
t) 20   u) 0   v) 91   w) 7

Aufgabe 2:
a) 4 · 6 = 24   b) 25 − 15 = 10   c) 50 + 25 = 75
d) 60 : 6 = 10   e) 70 + 29 = 99   f) 10 · 10 = 100
g) 32 : 8 = 4   h) 8 · 4 = 32   i) 30 + 6 = 36
j) 30 : 6 = 5   k) 30 − 6 = 24   l) 28 + 71 = 99

Lösungen

m) 3 · 4 = 12   n) 3 − 3 = 0   o) 3 : 3 = 1
p) 45 − 7 = 38 q) 64 : 8 = 8 r) 69 + 11 = 80

Aufgabe 3: Die Reihenfolge der Zahlen, mit denen man rechnet, darf man bei der Addition und bei der Multiplikation vertauschen, nicht aber bei der Subtraktion und bei der Division. Die Addition oder Subtraktion von 0 ändert nichts, ebensowenig wie die Multiplikation mit 1 und die Division durch 1.

Aufgabe 4:

> Minuend minus Subtrahend gleich Differenz.
> Faktor mal Faktor gleich Produkt.
> Dividend durch Divisor gleich Quotient.

Aufgabe 5:
a) richtig
b) richtig
c) richtig
d) falsch. Richtig ist 9 · 7 = 63.
e) falsch. Richtig ist 35 : 7 = 5.
f) falsch. Richtig ist 98 − 72 = 26.
g) richtig
h) falsch. Richtig ist 4 · 7 = 28.
i) richtig
j) richtig
k) falsch. Richtig ist 48 : 6 = 8.
l) falsch. Richtig ist 56 − 17 = 39.

Lösungen

Aufgabe 6:

·	3	7	8	1	6
2	6	14	16	2	12
6	18	42	48	6	36
9	27	63	72	9	54
10	30	70	80	10	60
1	3	7	8	1	6

−	35	60	27	72	9
95	60	35	68	23	86
67	32	7	40	×	58
52	17	×	25	×	43
48	13	×	21	×	39
35	0	×	8	×	26

+	55	0	12	36	1
15	70	15	27	51	16
26	81	26	38	62	27
39	94	39	51	75	40
41	96	41	53	77	42
45	100	45	57	81	46

:	1	4	5	6	10
20	20	5	4	×	2
15	15	×	3	×	×
16	16	4	×	×	×
33	33	×	×	×	×
36	36	9	×	6	×

Aufgabe 7:
a) 7   b) 9   c) 17   d) 18   e) 8
f) zweimal die 5   g) 38
h) 14   i) 18   j) 9   k) 6   l) 54

Aufgabe 8:
a) $7 + 18 < 35$, denn $7 + 18 = 25$.   b) $9 : 3 = 3$
c) $93 − 27 > 65$, denn $93 − 27 = 66$. d) $35 : 5 = 7$
e) $6 · 8 > 42$, denn $6 · 8 = 48$.
f) $77 + 12 < 99$, denn $77 + 12 = 89$. g) $4 · 9 = 36$
h) $100 : 10 = 10$ i) $100 − 10 > 89$, denn $100 − 10 = 90$.

Aufgabe 9:

> Die Subtraktion ist durchführbar, wenn der Minuend größer als der Subtrahend oder gleich dem Subtrahenden ist. Die Division ist durchführbar, wenn der Dividend in der Reihe des Divisors auftritt.

Lösungen

Aufgabe 10:
a) $18 - 19$ nicht durchführbar. b) $18 : 18 = 1$
c) $18 - 18 = 0$ d) $9 \cdot 8 = 72$ e) $9 : 8$ nicht durchführbar.
f) $92 - 96$ nicht durchführbar.   g) $64 : 8 = 8$ h) $18 : 6 = 3$
i) $18 : 5$ nicht durchführbar.   j) $20 : 7$ nicht durchführbar.
k) $49 - 53$ nicht durchführbar.   l) $49 : 7 = 7$

Aufgabe 11: Die Fünferreihe sieht, wenn man von hinten beginnt, so aus:

$$10 \cdot 5 = 50$$
$$9 \cdot 5 = 45$$
$$8 \cdot 5 = 40$$
$$7 \cdot 5 = 35$$
$$6 \cdot 5 = 30$$
$$5 \cdot 5 = 25$$
$$4 \cdot 5 = 20$$
$$3 \cdot 5 = 15$$
$$2 \cdot 5 = 10$$
$$1 \cdot 5 = 5$$

Für die anderen Reihen schreiben wir nur die Produkte auf:

Achterreihe	Siebenerreihe	Sechserreihe
80	70	60
72	63	54
64	56	48
56	49	42
48	42	36
40	35	30
32	28	24
24	21	18
16	14	12
8	7	6

Lösungen

Versuche einmal, ob du auch die anderen Reihen rückwärts beherrscht. Das ist eine gute Übung für das Gedächtnis.

Aufgabe 12:
a) $53 + 18 = 71$ b) $3 \cdot 8 = 24$ c) $2 \cdot 3 \cdot 4 = 24$
d) $40 : 5 = 8$ e) $62 - 37 = 25$ f) $8 + 13 + 27 = 48$
g) $50 + 40 + 10 = 100$ h) $24 : 6 = 4$ i) $4 \cdot 8 = 32$
j) $17 - 9 = 8$ k) $90 : 10 = 9$ l) $90 : 9 = 10$
m) $90 - 9 = 81$ n) $90 + 9 = 99$ o) $2 \cdot 4 \cdot 7 = 56$
p) $72 : 8 = 9$ q) $35 : 7 = 5$ r) $84 - 38 = 46$